polar
VERLAG

Liebe Hadice

mit dem besten Dank für
das Interesse, die Authentizität
und Ihre "Lebendigkeit"
während der Lesung.
Ich hoffe sehr, die Dinge
wahrhaftig und authentisch
wiedergegeben und Ich
wünsche Ihnen viel Spaß
beim Entdecken "Allgemeines"!

Jörg Walensky
Ziel des Südens,
Juni 2014

Jörg Walendy

Tag der Unabhängigkeit

Thriller

Polar Verlag

Originalausgabe
1. Auflage 2014
© Polar Verlag GmbH Hamburg 2014
Alle Rechte vorbehalten
Umschlaggestaltung: Detlef Kellermann, Robert Neth
Gesetzt aus Adobe Garamond PostScript, InDesign
Druck: Aalexx Buchproduktion, Großburgwedel
Printed in Germany
ISBN 978-3-945133-00-2

www.polar-verlag.de

Meiner Familie

NICHTS ALS TREIBHOLZ und Dreck bedeckt den Strand, an dessen Ufer kalter, gerippeartiger Beton aufragt. Abdelkader rennt im Dunkeln auf die Bauruinen zu, die im Licht der weit oben an der Steilklippe stehenden Laternen liegen. Die Glühbirnen werfen Schlagschatten und gelbliche Leuchtkegel auf den Strand. Abdelkader stolpert vorwärts, versucht, das Gleichgewicht zu halten. Nasser Sand klebt an seinen Füßen.

Im Licht der Scheinwerfer kann er das alte Restaurant Château Normand mit dem spitzen Dach und den eigentümlichen Fachwerkelementen oben an der Klippe erkennen. Im Garten hinter einer hüfthohen Mauer stehen großgewachsene Palmen, die sich in der Nachtluft wiegen. Dazwischen hängt eine Kette mit gelben und flackernden Lichtern.

Im Hintergrund sieht er die angestrahlten Verladekräne von Tamenfoust, darüber den Schein der fernen Lichter von Algier. Mit aller Gewalt wuchtet er sich nach vorne, springt an aufgebrochenem Beton und Eisenstangen vorbei in den Rohbau und lässt sich auf den Boden fallen. Von dem schweren Jeep, der ihn verfolgt hat, fehlt jede Spur.

Auf den Ellbogen robbt er vorwärts und spürt, wie sich Splitt und kleine Steine schmerzhaft in seine Haut bohren. Nach ein paar Metern hält er inne und tastet hastig seine

Armeehose ab. Er öffnet den Druckknopf an der Seite und zieht eine Pistole aus der Beintasche.

»Ein falscher Friede, bei Allah so ein falscher Friede, zu viel Vergessen. Zuviel falsches Verzeihen«, flüstert er.

Irgendetwas dröhnt dunkel. Er wirft sich auf den Rücken und betätigt den Abzug. Drei kurze Schüsse fallen, im Licht seines Mündungsfeuers sieht er nur Beton, ein paar Meter des Strandes und arabische Graffiti. An die Wände sind in roter Farbe Flüche und Anrufungen Allahs gepinselt, zweimal ist das Wappen Algeriens zu erkennen. Die Patronenhülsen fallen leise klimpernd hinter ihm zu Boden.

Er unterdrückt einen Fluch, springt auf und rennt noch tiefer in den massiven Rohbau hinein. Licht dringt nur durch einzelne Spalten und Fensteröffnungen. Er erkennt die Umrisse einer aus Stein gemeißelten Treppe, lässt sich erneut fallen, hält den Atem an und wartet ab, dass Stille einkehrt.

Nach einer, vielleicht zwei Minuten lädt er die Pistole nach. Er spürt, wie sich die Oberschenkelmuskulatur heftig verkrampft und sich Adern und Sehnen wie Stahlklammern zusammenziehen. Mit der linken Hand umfasst er eines der Beine und zieht es ruckartig an sich heran.

Jetzt erst gewöhnen sich seine Augen an die Dunkelheit. Er entdeckt einen Spalt in der Wand, der sich unmittelbar neben der Treppe befindet. Keine zwei Handbreit. Er späht hindurch auf den Strand. Dort ist keine Bewegung zu erkennen.

Erst weiter oben geht die Sandfläche langsam in eine asphaltierte Straße über. Einzelne Abschnitte sind immer wieder von sandgefüllten Schlaglöchern übersät. Ganz am Ende seines Blickfelds steht eine Neubausiedlung aus niedrigen

Plattenbauten. Unten am Wasser erspäht er eine windschiefe Bretterbude. Papierfetzen und Stromkabel bewegen sich im Wind. Ein Ort, an dem Großfamilien in den Sommermonaten Plastikstühle und Sonnenschirme für einen Nachmittag am Strand ausleihen.

»Allahu akbar.« Seine trockenen und faltigen Lippen sind mit Sandkörnern und Staub überzogen, sein Bein immer noch taub vor Schmerz. Sein Fehler, alles sein verdammter Fehler. Er wiederholt den Satz. Alles fühlt sich wie in den 90er Jahren an. Wie in der einen Nacht, in der seine Welt unterging. Auch damals war Matoub an seiner Seite und hatte auf dem alten französischen Schwarz-Weiß-Fernseher das Fußballspiel zwischen Mouloud Alger und JSK Kabylie verfolgt.

Abdelkader blickt an sich hinab, legt kurz die Waffe beiseite und betrachtet seine Hände. Erst die Oberseite, dann die Handinnenflächen. Er faltet sie vor seiner Nase zusammen und saugt Luft durch die Finger. Riecht er sein eigenes, getrocknetes Blut an seinen Händen, oder das seines Sohnes und seiner Frau? Von den durchtrennten Halsschlagadern im Raum verspritzt. Niemals wird er den Anblick vergessen.

Plötzlich bemerkt er eine Bewegung draußen im Halbdunkel.

»Allahu akbar«.

Abdelkader wischt die rechte Hand am Körper ab, greift wieder nach der Waffe, lädt sie durch und bringt sie in Anschlag.

Wer hat ihn verraten? Wer zum Teufel hat gewusst, dass er sich hier und heute mit Matoub trifft? Sie haben ihn verfolgt, ihm aufgelauert in den grauen Büschen und zwischen den Bauruinen. Es hätte ihm auffallen müssen, dass er bei dem Versuch beobachtet wurde, die Kameraden aus den 90er Jahren zusammenzutrommeln. Matoub hatte Recht gehabt. Mit wem hat er eine Rechnung offen, fragt er sich. Mit wem eigentlich nicht?

Irgendwo kracht und dröhnt es dumpf. Er legt den Finger an den Abzug und zieht ihn millimeterweise zurück, bis er den unmittelbaren Druckpunkt erreicht hat.

»Chikri, die Benmansour-Zwillinge …?«

Er späht auf die Straße, zielt dann wieder hinunter zur Holzhütte. Noch immer kann er niemanden im schwachen Licht erkennen.

Die Benmansours? Konnte es das sein? Würden seine Verfolger ihren Tod rächen wollen? All das nur wegen des Aufeinandertreffens irgendwo draußen in der Mitidja? Im Spätsommer vor über zehn Jahren.

Plötzlich erscheinen Lichtkegel am oberen Ende des Strandes. Ein gepanzertes Fahrzeug fährt vor. Grelle und leicht bläuliche Scheinwerfer kriechen aus der Neubausiedlung. Der Wagen stoppt am Ende der asphaltierten Straße zwischen zwei Schlaglöchern. Sein Licht blendet ihn. Er sieht einzelne Bewegungen, aber keine Details und wendet die Augen ab.

Eine Tür öffnet sich und fällt zurück ins Schloss. Von weiter oben ist ein helles Kreischen zu hören. Eindeutig die Stimme einer jungen Frau. Er richtet den Blick auf die Laternen an der Steilklippe und vernimmt ein zweites Geräusch. Ein hochfrequentes und elektrisches Sirren, das sich zuerst hinter dem Schrei versteckt hat und nun leise über den Strand flattert.

Mit einmal vernimmt er Schritte auf der Straße. Es scheinen Stiefel zu sein, vielleicht auch Schuhe mit einer schweren Ledersohle. Nicht mehr als fünfzig Meter von ihm entfernt. Abdelkader reißt die Waffe nach vorne und gibt ungezielt vier Schüsse in Richtung der Schritte ab. Direkt in das Licht hinein.

»Mon fils!«

Eine dunkle Stimme donnert über den Strand. Neben der Panzerlimousine baut sich eine Gestalt auf und hebt beide Arme in die Höhe. Die Handflächen sind in den Nachthimmel gestreckt, ganz offen und leer. Abdelkader kennt Stimme und Silhouette. Unmittelbar erinnert er sich an gemeinsame Kampfeinsätze draußen in den Bergen des Atlas und der Kabylei.

»Fils!«

Wieder ein Ruf mit einem harten, aber auch fürsorglichen Unterton. Dieses Mal kann er die Worte fast aus nächster Nähe hören.

»Na'am!«, ruft jetzt auch Abdelkader auf den Strand hinaus.

Er lässt die Waffe sinken, presst das Wort erneut aus seinem Hals, legt sein Gesicht an den Spalt und atmet aus. Sollte seine Flucht hier und jetzt enden?

»Yalla, aghoua ilal baba!«

Abdelkader kneift die Augen zusammen. Das kann alles kein Irrtum sein.

»Abutuk! Yalla.«

Tränen der Erleichterung schießen ihm in die sandverschmierten Augen. Er will glauben. Er will nicht länger fliehen müssen. Er will zurück nach Algier, um in der Casbah am Grab des Marabou zu beten, den rituellen Weg um den großen und stoffbespannten Holzsarg abzuschreiten und Steine am Grab seines toten Sohnes und seiner Frau niederzulegen. Ganz so, wie es sich für einen gläubigen Muslimen und einen treuen kabylischen Familienvater gehört. Er will endlich Frieden mit sich machen.

Abdelkader lässt die Pistole auf den trockenen Beton fallen. Er dreht sich zur Seite, zieht sich am Treppenabsatz mühsam in die Höhe und verlässt den Rohbau langsam, hinkend und mit weit von sich gestreckten Händen.

Am Ende der asphaltierten Straße steht unbewegt die große Gestalt. Die Arme immer noch nach oben gestreckt und weit geöffnet. Ein Fuß steht fest auf dem Asphalt, der andere ist zur Hälfte in den Sand gesunken.

Im Scheinwerferlicht der Limousine kann er erstmals das Gesicht seines Gegenübers erkennen. Den zurechtgestutzten Schnurrbart, die Tränensäcke und die tiefe Vernarbung entlang der Halsschlagader. Ein freundliches und gewinnendes Lächeln, wie nach dem Feuergefecht oben in den Gorges de Paléstro im Sommer 1961.

Etwas Stahlhartes bohrt sich plötzlich in ihn hinein. Ein weiterer Schuss folgt. Er spürt die Eiseskälte, die sich in seiner Brust ausbreitet, sackt zusammen und kippt nach hinten in den Sand. Er hustet angestrengt und schluckt Blut und Rotz hinab. Alles verschwimmt vor seinen Augen und vermischt sich mit dem Gefühl, in Blut zu ersaufen.

Das flatterhafte, elektrische Sirren endet abrupt. Er sieht eine massive Gestalt, die an ihn herantritt und ein Nachtsichtgerät absetzt. Mit einem scharfen und schneidenden Geräusch zieht die Person ein Messer aus der Jacke und beugt sich zu ihm hinab. Abelkader spürt, wie sich die Spitze eines Lederstiefels in seine Brust bohrt, und sieht, wie eine Klinge sich seinem Gesicht nähert.

Hoch oben auf der Steilküste kauert ein kleiner, drahtiger und fast dunkelhäutiger Tuareg in einem abgewetzten Kampfanzug ohne Schulterstücke oder Abzeichen. Die Füße stecken in alten Armeestiefeln, um die Hüfte hat er einen breiten Gurt aus grobem und rissigem Leder geschlungen. Seine linke Hand umfasst einen Stein, in der rechten hält er einen dicken Stoß Akten. Er presst seine gelben Zahnstümpfe aufeinander und drückt sich mit Gewalt gegen den rauen Fels.

»Verdammt, verdammt!«, schießt es ihm durch den Kopf.

Matoub lässt die Papiere auf den Boden fallen und nestelt in den Taschen nach der Waffe. Er muss sie auf der Flucht verloren haben. Mühsam zieht er drei Geschosshülsen hervor und küsst sie. Glücksbringer aus alten Zeiten. Die Kugeln hat er vor über 10 Jahren selbst in das Holz einer dunklen Atlaszeder geschossen.

Der Mann am Strand beugt sich immer noch über Abdelkader. Matoub vernimmt Spuren kratzender Laute und Wortbrocken auf Arabisch, die er nicht versteht. Langsam dreht er sich um und zieht sich an einer Säule nach oben auf einen Absatz, der an eine pechschwarz gestrichene Stahltür grenzt.

Er streicht über seinen kahlrasierten Schädel und wickelt sich ein Stück Stoff um die Hand. Vorsichtig schlägt er gegen die Tür. Wieder dröhnt es dumpf und metallisch. Er reißt den Kopf herum und blickt auf den Strand. Abdelkader und der Mann sind verschwunden. Die kalte Angst kriecht ihm den Rücken hinauf.

»Mach auf, mach verdammt nochmal die Tür auf«. Mit der zur Faust geballten Hand schlägt er erneut gegen das Metall. Ein drittes, ein viertes Mal. Sofort ist das Sirren wieder in der Luft zu hören.

»Yasmin!« Matoub brüllt jetzt den Namen. »Yasmin, der Scheißkerl ist immer noch da. Mach die Tür auf.«

Sie öffnet sich einen Spalt breit. Matoub sieht nur Schwärze, dann den Fuß einer jungen Frau. Mit rot lackierten Fußnägeln und einem glitzernden Fußkettchen.

»Ich kann nicht. Ich kann dich nicht reinlassen. Die bringen mich sonst um«, sagt sie.

Als ihn kaltblaues Licht erfasst, wuchtet er seine Schulter gegen die Tür, öffnet sie für einen Sekundenbruchteil und presst den schmalen Oberkörper in den Hohlraum zwischen Rahmen und Tür. Yasmin drückt von der Innenseite dagegen. Er schreit, spürt einen kurzen Anflug von Schwindel und legt sein ganzes Gewicht in die Bewegung. Mit einem Ruck presst er die Tür auf und wirft sich dahinter zu Boden.

Yasmin kreischt los. Sie ist nach hinten umgekippt und starrt auf die Öffnung. Das kalte Licht blendet sie, sie drückt sich die Hände an die Ohren. Überall ist das elektrische Sirren zu hören.

Matoub greift nach den Akten und tritt mit dem Fuß die Tür ins Schloss. Schlieren aus Tränen und schwarzer Schminke ziehen sich quer über Yasmins Gesicht.

»Scharmuta!«, zischt er sie an und hebt den Arm. »Weißt du, wer das unten am Strand ist? Verdammt noch einmal, weißt du es?« Yasmin krümmt sich zusammen. »Er wird uns umbringen, er wird uns einfach umbringen.«

DURCH DAS ENGE TREPPENHAUS des Redaktionsgebäudes rennt Wahiba nach oben. Die Holzstufen knarzen unter jedem ihrer Schritte. Ein Mann mit dunkler Hornbrille und dichtem Bart weicht zur Seite aus und blickt ihr mürrisch hinterher. An ihrer linken Schulter baumelt eine Tasche aus geflochtenem Leder. Um ihren Hals eine dünne Silberkette. In der einen Hand hält sie ein Fax, mit der anderen tippt sie eine Nummer ins Handy ein. *Ich muss dich in einer Stunde vor dem Verteidigungsministerium sehen*, schreibt sie.

In der obersten Etage hastet sie an einem Kopiergerät und aufeinandergestapelten Stühlen aus orangenem Plastik vorbei und reißt die Holztür mit der Aufschrift *Fayçal M. - Rédacteur en chef* auf.

Muffiger Schweiß und Nikotingeruch strömen ihr entgegen. Fayçal sitzt hinter einem wuchtigen Schreibtisch und starrt unbewegt auf einen Bildschirm. Er hat seine haarigen Pranken vor dem Bauch zusammengefaltet. Die unteren Hemdknöpfe sind bis zum Zerreißen gespannt. Seine schwarzen, von einzelnen grauen Strähnen durchzogenen Haare sind zu einem Pferdeschwanz zusammengebunden. Er kneift die Augen zusammen.

»Ich weiß gar nicht, wie oft die Emiratis ihre Großinvestition in unseren Hafen noch ankündigen werden,« sagt er und dreht sich zu Wahiba um.

»Was willst du? Redaktionskonferenz ist erst in einer Stunde.«

Sie faltet das Fax auseinander und legt es auf seinen Schreibtisch. »Das ist meine nächste Story«, sagt sie.

Fayçal dreht das Thermopapier um und überfliegt die eng gedruckten Schriftzeichen.

»Ein Toter am Strand. Ist in diesem Sommer nicht der erste. Was willst du daraus machen?«

Sie stellt die Ledertasche neben Fayçals Aschenbecher auf den Tisch ab und beugt sich zu ihm.

»Der Tote ist nicht irgendjemand. Es heißt Abdelkader Mekhrid. Ein GLD'er, ein Mitglied der offiziellen Bürgerwehren. Der hat sich schon 1995 oder 1996 aufstellen lassen, um im Bürgerkrieg gegen die Islamisten zu kämpfen. Staatstreu von Geburt an bis zum bitteren Ende. Und jetzt sieh dir mal an, was die Gendarmerie über den Leichenfund geschrieben hat.«

Sie tippt mit ihrem rot lackierten Fingernagel auf eine Zeile in der Mitte des Faxes.

»Zwei Schüsse in die Brust aus nächster Distanz. Der Oberkörper ist regelrecht in Stücke gerissen worden. Nase und Ohren wurden abgeschnitten und sind nicht auffindbar. Wenn du mich fragst: eine Hinrichtung.«

Ihr Chef greift zur Seite und entnimmt einer Holzschublade zwei handgerollte Zigaretten, die er in der Mitte zusammendrückt.

»Schlimme Sache. Keine Frage«, sagt Fayçal. »Aber was willst du darüber groß schreiben? Wenn es nur ein kleiner Artikel über den Tod einer lokalen Berühmtheit wird, muss ich dich dafür nicht nach draußen schicken. Dann können wir das Fax der Polizei abschreiben und mit einem Satz des Bedauerns ergänzen. Vielleicht gibt es im Archiv sogar eine alte Aufnahme von diesem Abdelkader Mekhrid.« Er spricht den Namen voller Hohn aus. Einer mehr, der sich hat erwischen lassen. »Wo hast du die Meldung überhaupt her?«

Sie lächelt. Was nicht oft vorkommt. »So etwas lernt man als Allererstes, wenn man in Berlin Journalismus studiert, das muss ich …«

Fayçal winkt ab, legt die Zigaretten auf den Tisch, greift nach seinem Pferdeschwanz und zwirbelt das dunkle und fettige Haar zwischen Daumen und Zeigefinger.

»Du kennst die Linie unseres Herausgebers. L´Algérie progresse – es geht voran. Wir haben uns versöhnt. Alles in Butter. Warum willst du hier nachbohren?«

Sie greift nach dem Feuerzeug, zündet sich eine der Zigaretten an und geht zum Fenster. Tief unter ihr drücken sich Kleinwagen durch verschlungene Gassen. Verschleierte Frauen stehen diskutierend vor einem Gemüsestand. Kabel und Rohre sind kreuz und quer über die Fassaden und Straßenschluchten gespannt. Die Stadt liegt wie ein übergroßes Amphitheater halbkreisförmig um eine breite und blaue Bucht drapiert. La baie d'Alger.

Aus einem Stapel älterer Zeitungen zieht sie eine Ausgabe von La Raison.

»Gleich auf der ersten Seite ein Foto des Präsidenten, dann lange nichts«, sagt sie. »Kein Wort über das, was da draußen wirklich passiert. Für so einen weichgespülten Mist hätte ich nicht von Berlin nach Algier zurückkommen müssen. Ich will mehr.«

»Nase und Ohren abgeschnitten«, erwidert Fayçal. »Das haben wir in den 60ern mit den Franzosen gemacht. Deinen verdammten nif nimmt man dir auf diese Weise. Das wäre auch an der Universität der richtige Umgang mit den Islamisten gewesen. Noch einmal ... erklär mir in drei Worten, wie der Artikel aussehen soll. Nur die Kernaussage. Warum ausgerechnet die Story?«

Sie setzt sich auf den Schreibtisch und rückt den Aschenbecher aus beigem Plastik zur Seite.

»Eine Hinrichtung am Stadtstrand von Ain Taya? Das ist nicht irgendwo weit draußen auf dem Land. Das ist mitten im Großraum Algier. Gar nicht mal so weit weg vom Flughafen, dem Badestrand, den Hotelneubauten und den Messepavillons. Das ist eine Gegend, in der sich Diplomaten und Geschäftsleute sehen lassen. Du triffst sie da an jedem Wochenende. Wenn sie mit ihren Eskorten und Leibwächtern am Strand liegen. Ich glaube nicht, dass unserer Präsident an so einer Stelle ausgenommene Leichen herumliegen lassen will. Du kennst doch die Gerüchte über Al Qaida im Maghreb.«

Fayçal blickt an seinem Oberkörper hinab und knöpft sein Hemd an einer aufgesprungenen Stelle wieder zu.

»Zwei, maximal drei Tage. Und wenn ich dich zwischendurch für etwas anderes brauche, dann bist du da.«

Sie lächelt wieder, drückt die Zigarette aus und zieht die Tür hinter sich zu. Wenige Augenblicke später greift Fayçal zur Seite und wählt eine Nummer in sein schwarzes Telefon.

»Ja, ja, mon Colonel. Sie ist dran.«

VOR IHR KNATTERN MOFAS und Lieferwagen mit Zwei-Takt-Motoren den Boulevard hinunter zum Hafen. Ein vollbeladener Holzkarren steht neben ihr. Orangen und Zitronen liegen zwischen Bergen von erdigen Auberginen und Artischocken. Ein paar Meter weiter führt eine steile Treppe hinunter in die Casbah. Durch die blau verspiegelten Scheiben ihrer Sonnenbrille sieht Wahiba, wie Mädchen mit kurzen Röcken, Haarreifen und glitzernden T-Shirts sich an alten Männern in Gebetsgewändern vorbeidrängen und zwischen Jasminranken, verriegelten Fensterläden und Hauseingängen verschwinden. Überall an den Hauswänden die Fahne Algeriens.

Auf der anderen Seite der Straße steht ein Bürogebäude hinter einer dicken Außenmauer. Rot und weiß gestrichene Betonwürfel liegen vor dem Eingangstor. Dazwischen stehen Polizisten mit Maschinenpistolen. Sie winkt mit der linken Hand einem älteren Mann zu, der sich an den Wachen vorbeidrückt.

Ein mittelgroßer Glatzkopf in einem sandfarbenen Anzug mit eng sitzender Krawatte. Ärmelschoner sind auf seine Ellbogen genäht. Aus der Brusttasche schaut ein kariertes Einstecktuch. Die Pupillen wirken durch die dicken Brillengläser übergroß und springen gehetzt und nervös von einer Seite zur anderen.

»Cher oncle!« Sie gibt ihm zwei Küsse auf die Wangen. »Abdelkader Mekhrid ist tot. Das ist viele Jahre her, aber ich kann mich gut an den Namen erinnern. Papa hatte dich wegen ihm von Berlin aus angerufen und ihr müsst euch heftig gestritten haben. Er war danach stundenlang nicht ansprechbar und hat mitten im Wohnzimmer gebetet. Am Abend ist er sogar in die Moschee in Neukölln gegangen und erst am nächsten Morgen wieder nach Hause gekommen. Und ich glaube, dass auch Hamoud Benmansour von ihm gesprochen hat, als er uns in Berlin besucht hat. Das muss im Herbst ʾ97 gewesen sein.«

Ihr Onkel legt eine Hand auf ihre Schulter und führt sie von der Straße weg in den Schatten einer Platane. Vorbei an zertretenen Cola-Dosen und Zigarettenstummeln.

»Du bist genauso starrköpfig wie dein Vater. Ich habe nie verstanden, warum er sich so über Abdelkader ereifert hat. Er hatte von Berlin aus keinen klaren Blick mehr für die Realität. Ich weiß nicht, von welchem Algerien er dort geträumt hat, aber sicher nicht vom real existierenden. Er hat einfach nicht mehr verstanden, was hier passiert ist.«

»Bitte lass Papa da raus.« Sie lächelt ein wenig gezwungen und nimmt die Sonnenbrille ab. »In Deutschland … da bin ich nun einmal so geworden, wie ich bin. Ich will wissen, was damals passiert ist und warum es diesen Streit gab.«

Er zeigt auf die Betonklötze und den grauen Fahnenmast auf der anderen Seite der Straße. Dort öffnet sich eine Schranke. Vier Soldaten salutieren, als ein Konvoi den Innenhof des Gebäudes verlässt. Eine schwere Limousine fährt vorweg. Zwei Mittelklassewagen folgen nach wenigen Sekunden. Die Kolonne gleitet im Schritttempo an ihnen vorbei, lenkt auf die Mitte der Straße ein und verschwindet im dichten Verkehr.

»Es ist keine gute Idee, alte Geschichten auszugraben. Das stiftet nur Unfrieden«, sagt ihr Onkel.

»Ich weiß, dass die Polizei den Leichnam von Abdelkader Mekhrid in Ain Taya gefunden hat. Die Sache wurde mir anonym zugespielt.«

Ihr Onkel legt eine Hand an ihren Hinterkopf und zieht sie zu sich. »Weil du es bist, mache ich eine Ausnahme. Abdelkader war einer von uns. Jahrzehntelang im aktiven Dienst. Er hat für dieses Land mehr als einmal sein Leben riskiert. Erst im Krieg gegen die Franzosen, dann während der décennie noire. Seit ein paar Monaten war er nicht mehr auffindbar. Er und ein paar andere Kameraden sind Mitglieder einer Groupe de Légitime Défense. Die haben allesamt in den 90er Jahren gegen den Terrorismus gekämpft. Mindestens acht Personen aus seiner Gruppe sind bei uns intern zur Fahndung ausgeschrieben. Die Al Qaida im Maghreb ist so ziemlich das Letzte, was wir gebrauchen können.«

»Ihr sucht also jetzt auch nach euren eigenen Leuten?«

Zwei Soldaten verlassen den Eingangsbereich des Gebäudes und marschieren an ihnen vorbei. Einer lächelt ihr direkt ins Gesicht, der andere blickt einer Gruppe von Männern in dunkelblauer Arbeitskleidung hinterher, die eine Treppe in die Casbah hinabsteigen.

»Du bist lange nicht hier gewesen«, sagt ihr Onkel. »Die Leute wissen genau, wer in den Jahren des Feuers auf welcher Seite gestanden hat. Heute tun sie so, als erinnerten sie sich nicht mehr daran. Die Bilder und Gedanken sind aber noch da. Vergiss das nie!«

Er lässt ihren Kopf los. »Ich habe deiner Mutter bei allen Namen des Propheten geschworen, auf dich aufzupassen. Sie hat mich völlig aufgelöst angerufen, nachdem du beschlossen hattest, nach Algier zurückzukehren. Deinem Vater rechne ich es hoch an, dass er uns in den Terrorjahren in eurem Apartment in der Innenstadt hat wohnen lassen. Ganz gleich, was aus ihm in Berlin geworden ist. Du bist seine Tochter.« Er drückt die Brille fest zurück auf seine Nasenwurzel. »Wir haben den Sozialismus nicht vollendet. Ich verstehe bis heute nicht, warum. Noch ist es möglich. Der Islam ist nicht die Lösung. Nicht für unser Land! Fahr übermorgen raus nach Hammam Righa. Im Hotel cèdre noire findet eine Hochzeit der Benmansours statt. Samstags sind die Straßen vormittags meistens frei. Du kannst die neue Autobahn nehmen. Ab El Affroun müsste die Landstraße wieder gehen. Das Militär hat die Checkpoints auf der Strecke abgebaut. Ich sage Bescheid, dass du kommst. Hamoud wird mit dir sprechen Du bist die Tochter deines Vaters. Eine echte Benhamid.«

»Du gehörst doch auch zur Familie! Ich verstehe das nicht.«

»Sprich mit ihnen. Auf mich hören sie nicht. Sie sind zu sehr mit Pilgerfahrten und Gebeten beschäftigt. Ich habe dieses Gerede vom Gottesstaat nie verstanden. Religion ist Opium fürs Volk. Soviel solltest du in Berlin gelernt haben.«

Er streicht ihr übers Haar und verschwindet abrupt zwischen den Betonklötzen. Sie blickt ihm nach und setzt die Sonnenbrille wieder auf.

Ein dunkler Peugeot 305 parkt unbewegt wie ein großes

Tier auf der anderen Straßenseite. Die hintere Seitenscheibe ist zwei Fingerbreit geöffnet. Ihre Brille, ihr Lächeln und ihr Handy spiegeln sich dahinter im Objektiv einer Kamera.

WAHIBA HÄMMERT MIT einer Hand auf die Hupe, reißt das Lenkrad herum und zieht an einem Schwerlaster vorbei, der nur Sekunden zuvor aus einem Feldweg herausgeschossen ist. Sie drückt das Gaspedal durch, flucht und presst beide Hände wieder an das Lenkrad.

Zwischen Eukalyptusbäumen entdeckt sie das Ortschild von Ain Taya. Sie kurvt an Baracken, einer Gruppe Palmen und einer Polizeistation vorbei. Zäune und Absperrungen aus rostigem Eisen trennen rechts und links kleine Häuser von der Straße ab. Vor den Gittern und den Metallzisternen stapelt sich Bauschutt. Sie parkt ihren Wagen neben einer getünchten Moschee und stiefelt eine in den Fels geschlagene Treppe zum Strand hinab. Die Sonne steht weiß am Himmel. Das Meer erscheint glatt und blau-schwer wie gegossenes Blei. Ausschließlich Männer liegen am Strand.

Sie bindet sich ein türkisblaues Tuch um den Kopf. Sand und zerriebene Muschelschalen knirschen unter ihren Schuhen. Den Notizblock und eine kleine Digitalkamera hält sie in der linken Hand, als sie auf eine Holzbaracke in der Mitte des Strandes zugeht.

Sie streicht über das mürbe Holz der Außenwand. Keine Blutspuren, keine Einschusslöcher. Sie tritt zurück, fotografiert und dreht sich um. Weiter unten am Wasser steht eine große Bauruine. Betonpfeiler, Metallstangen und Plastikrohre stechen in den blauen Himmel. Über eine asphaltierte Rampe erreicht sie das Gemäuer.

An nackten Seitenwänden hängen dünne Papierfahnen. Wahlplakate für die Parlamentswahlen im Frühjahr. Mit den Fingern streicht sie über das Papier, betrachtet die Gesichter von alten Männern.

Etwas glitzert, sie bückt sich und hebt eine Patronenhülse aus dem Staub. Das untere Ende des Schaftes ist mit einem schmierigen Belag überzogen. Als sie Schritte auf dem Betonboden hört, dreht sie sich um. Drei Männer in Badeshorts stehen vor ihr. Zwei mit kurz geschnittenen Haaren, einer mit einem Pferdeschwanz. Sie starren sie an. Der größte der drei schiebt sich nach vorne, greift nach ihrem Unterarm. »Petite Fleur, was machst du hier so allein?«, sagt er.

Sie weicht zurück, blickt zur Seite. Eine Treppe ohne Verbindung in den ersten Stock, ein Spalt in der Wand, zahlreiche arabische Graffiti, keine Tür.

Einer der drei Männer reißt ihr türkisblaues Tuch zu Boden.

»Du wirst deinen eigenen Dreck zu fressen kriegen.« Sie spürt einen harten Schlag in ihrem Gesicht.

»Wir wissen ganz genau, wer du bist. Wir wollen nicht, dass du dich hier rumtreibst. Die Presse hat hier nichts verloren.«

Wahiba stolpert nach hinten und kracht gegen die Wand. Einer der kurzhaarigen Männer greift nach einer Holzplanke und drückt sie mit beiden Händen quer gegen ihren Hals. Sie schnappt nach Luft. Der Mann mit dem Pferdeschwanz spuckt auf den Boden und verpasst ihr eine weitere Ohrfeige. Ihr Gesicht wird zur Seite geschleudert. Sie krächzt und versucht um Hilfe zu rufen. Der kurzhaarige Mann tritt jetzt an sie heran, legt seine Hand auf ihre Wange. »Ich weiß ganz genau, wer du bist.«

Wahiba zieht ihr Knie hoch und rammt es fest in den Unterleib ihres Peinigers. Als ein lauter Schmerzschrei erklingt, lässt der Druck auf ihrer Kehle nach. Schnell presst sie mit beiden Händen gegen die Planke und legt ihr ganzes Gewicht in die Bewegung, bis das Holz zu Boden fällt.

Sie spürt einen Schlag in den Magen und liegt Sekunden später mit brennendem Gesicht auf dem staubigen Beton.

Sie hustet, spuckt Blut und vernimmt erstmals Stimmen vom Strand her. Schritte ganz in ihrer Nähe. »As-schurta! As-schurta!«

Die drei Männer zerren sie auf die Füße und stoßen sie die Rampe hinab. Hektisch wischt sie sich den Mund ab, rennt über den Strand, drückt sich an weiteren Männern vorbei und die in den Fels geschlagene Treppe hinauf.

Das Freitagsgebet hat vor wenigen Minuten begonnen. Massen von Männern. Unrasierte Familienväter und kleine Jungen in Gebetsgewändern sitzen in großen Gruppen um ihren Wagen herum. Direkt neben dem Eingang zur Moschee. Ein Lautsprecher überträgt den Gesang des Muezzin hinaus auf die Straße. »Allahu Akbar.« Die Gläubigen breiten ihre Hände zum Gebet aus. Ihr Auto steht inmitten der Masse der Gläubigen.

Sie ist die einzige Frau auf der Straße, die einzige Person mit unbedecktem Haupt. Die Bluse ist aufgerissen, inmitten der Masse der Betenden. Erneut ein kollektiv gedonnertes »Allahu Akbar.«

Das Gefühl von Schwindel kriecht langsam an ihrem

Rückgrat in die Höhe. Sie stolpert und rennt die Straße hinunter. Weg vom Strand, vorbei an parkenden Autos, Lieferwagen und rissigen Holzpfosten. Zwei Autos hupen, ein gelbes Überlandtaxi weicht ihr aus. Eine Stimme schimpft unverständliche Worte aus dem Fenster. Überall verschlossene Gitter und Absperrungen. Hinter einer Palme entdeckt sie ein offen stehendes Tor. Wahiba stürzt hinein und drückt die Blätter eines Bananenbaums zur Seite. Am Ende des Grundstücks sieht sie ein Haus mit verschlossenen Fenstern und Türen. Sie fällt fast über knorrige Wurzeln und Kacheln im Gras.

Sie schreit:: »Lasst mich rein!«

Nichts passiert. Sie dreht sich um. Über allem schwebt der Gesang des Muezzin. Sie schlägt an die Tür.

Eine Metallklappe öffnet sich. Sie sieht dunkle Augen, hört eine kräftige Stimme.

»Was willst du hier? Es ist geschlossen. Heure de la Prière.«

»Ich bin überfallen worden. Bitte!« Hinter den Blättern des Bananenbaumes erscheint die Silhouette eines Mannes. Mit dem linken Arm biegt er einen der tief hängenden Zweige beiseite und blickt in ihre Richtung. Er trägt eine weiße Dschellaba und einen kurz geschorenen Kinnbart.

Wahiba trommelt mit ihren Fäusten gegen die Tür. Der Mann lächelt sie an und breitet seine Hände aus. Seine Lippen bewegen sich. Er spricht einzelne Worte, die sie nicht versteht.

»Keinen Ärger und still bist du auch«, hört sie die Stimme hinter der Metallklappe sagen. Der Schlüssel dreht sich im Schloss. Eine Hand greift sie am Unterarm und zieht sie hinein.

Ein kräftiger Mann mit einer breiten Nase und zwei Goldzähnen schließt die Tür hinter ihr mit einem Fußtritt und drückt sie in einen Stuhl. Die Wände des Raumes sind mit Holz vertäfelt. Ihr gegenüber stehen auf einer Bar leere Biergläser und Flaschen. Abgedunkelte Scheiben dämpfen das Tageslicht.

»Bleib hier sitzen. Ich habe Ärger genug«, sagt er und reibt seine Hände an einer fleckigen Schürze ab.

Wahiba lässt ihren Kopf zurücksinken. Schmerzen durchziehen ihre Nackenwirbel.

Der Muezzin ist nicht zu hören, nur das Surren eines Kühlschranks. Sie fängt an, eine Nummer in ihr Handy einzutippen.

»Keinen Ärger, habe ich gesagt.« Der Mann schlägt ihr das Handy aus der Hand, geht zur Bar, nimmt eine Stoffserviette, füllt einen Becher mit einer bräunlichen Flüssigkeit und reicht beides an sie.

»Wisch dir den Mund ab und dann beruhige dich. Trink das. Du wartest ein paar Minuten und dann verschwindest du. Die Regeln während des Freitagsgebets sind hier ganz einfach. Ich gehe nicht raus. Dafür kommt hier auch niemand rein.«

Wahiba trinkt. Ihre aufgeplatzte Unterlippe schmerzt, der Alkohol brennt in der Kehle. Sie schluckt und bückt sich nach unten, um ihr Telefon aufzusammeln.

»Du bist aus Algier?« Er geht zur Tür, schiebt die Metallklappe zur Seite und sieht hindurch.

Sie nickt.

»Die Mädchen, die sonst hier arbeiten sehen anders aus.«

»Gestern wurde unten am Strand jemand ermordet!«

Der Mann geht zurück an die Bar und füllt sich ein Glas ein. »Damit will ich nichts zu tun haben. Das ist nicht meine Geschichte. Woher weißt du das überhaupt?«

Sie nimmt einen weiteren Schluck, stellt den Becher auf dem Fußboden ab und zieht eine Visitenkarte aus der Hosentasche. »Ich arbeite für La Raison.«

»Wir haben nichts gesehen.«

»Wenn es Schüsse gab, dann müsst ihr etwas gehört haben.«

Wahiba zeigt an der Bar vorbei auf eine der abgedunkelten Scheiben.

»Ihr überblickt von hier aus das ganze Ufer. Ich glaube dir nicht, dass ihr nichts gesehen habt. Hast du überhaupt eine Lizenz für das, was du hier machst?«

Der Mann packt sie an der Schulter und zerrt sie zu sich. Dick geschwollene Venen zeichnen sich auf seinen Oberarmen ab, die Jahreszahl 1997 ist in hocharabischen Ziffern in seine Haut gestochen.

»In dem Jahr hat es einen Anschlag gegeben«, sagt Wahiba. »Eine im Sand versteckte Rohrbombe. Mitten im Hochsommer. Habt ihr da auch nichts gesehen?«

Der Mann kneift die Augen zusammen und drückt sie mit einer festen Bewegung zurück in den Stuhl. Er wendet sich von ihr ab und ballt seine Fäuste.

Eine Frau erscheint im Halbdunkel hinter der Bar. Das Gesicht ist stark geschminkt, an den Händen trägt sie Ringe, um den Hals eine Kette mit der Hand der Fatima. Auf der Wange prangt ein Leberfleck.

»Das Mädchen blutet aus dem Mund und du machst ihr Angst«, sagt sie.

»Wir mischen uns in nichts ein.«, erwidert er. »Die Kleine soll froh sein, dass ich sie reingelassen habe.«

Die Frau nähert sich Wahiba. Ihre abgetragenen Pumps aus Kunstleder klackern auf dem Steinboden. Sie schiebt mit der Fußspitze den Becher bei Seite und beugt sich zu ihr. »Komm mit nach oben, bevor er dich auf die Straße setzt. Ich kann dir wenigstens etwas geben, um die Blutung an deiner Lippe zu stoppen.«

Im ersten Stock zieht die Frau einen Vorhang zur Seite. Dahinter stehen Plüschmöbel und schwere Kommoden. Gardinen aus rot-braunem Polyester hängen vor den Fenstern. Zwei knapp geschnittene Slips und ein Paillettenkleid sind über der Lehne eines Stuhls gelegt. Darunter liegen zwei leere Wodkaflaschen.

Die Frau entnimmt einer Schublade etwas Watte, eine Zigarette und ein Feuerzeug. Sie setzt sich und zeigt auf einen anderen Stuhl.

»Wir haben eins der Mädchen in der Nacht verloren. Sie ist in der Früh abgehauen. Einfach so. Zuerst wurde am Strand geschossen, dann hat sie sich ein Taxi genommen und war weg.«

Sie zündet sich die Zigarette an und bläst den Rauch in den Raum.

»Arbeitest du für die Polizei?«

Wahiba greift nach einem Wattebausch und tupft über die Unterlippe. Sie zieht eines der Sofakissen zu sich heran und streicht über den dicken Brokatstoff.

»Ich bin für meine Zeitung hier. Habt ihr wirklich nichts gesehen?« sagt sie.

»Du hast meinen Cousin erlebt. Er schließt sich nachts

immer ein. Die Fenster zum Strand verriegelt er mit einem Balken. Eigentlich weiß ich auch nicht, was wir hier noch machen.«

»Und die Polizei? Am Ortseingang ist eine Wache.«

»Was hier passiert, interessiert niemanden.«

»Warum machst du das mit? Zwingt er dich dazu, bei ihm in Ain Taya zu bleiben?«

Die Frau blickt auf den Fußboden zu den leeren Flaschen. Sie lässt eine davon langsam über den Fußboden rollen. »Kannst du etwas für mich tun? Algier? Presse? Ihr habt Kontakt zu Ausländern und zu den Konsulaten?«

Wahiba greift nach der Flasche und stellt sie senkrecht auf. Sie nickt.

»Die Kleine war voller Angst. In den letzten Wochen hat sie kaum noch das Haus verlassen. Ich habe ihr alles mitgebracht, wenn ich auf die Straße gegangen bin. Irgendwie färbt das alles auf mich ab,« sagt die Frau.

Wahiba legt das Kissen zur Seite. Aus der Tasche zieht sie den Block, notiert eine Adresse und eine Telefonnummer. Sie reißt das Papier ab und reicht es der Frau.

»Du musst nicht hierbleiben. Und dieses Mädchen, ich kann ihr vielleicht helfen. In Algier gibt es jemanden, die sich um so etwas kümmert. Unten im Kellergeschoss der Kathedrale hat eine Rechtsanwältin ein Büro. Die kenne ich gut.«

Die Frau nickt. Sie beugt sich nach vorne und greift nach dem Zettel. Ihre Fingernägel sind nachlässig lackiert. An den Kanten ist die rote Farbe abgesplittert.

»Ich kann meinen Cousin nicht alleine lassen. Nicht solange er immer noch seiner Frau und dem Kind so nachtrauert. Er würde das hier alleine nicht schaffen. Aber das Mädchen, bitte tue was für sie.«

»Warum hat sie so viel Angst gehabt? Was ist passiert? Hat sie etwas gesehen?«

»Das muss sie dir selbst sagen. Die Kleine hat früher für zwei Kabylen aus Algier gearbeitet. Wenn sie wieder bei denen landet, dann kommt sie aus diesem Leben niemals raus. Ihre Familie hat sie faktisch verkauft. Das sind Tuareg aus dem Süden. Denen ist egal, was mit ihrer Tochter passiert.«

»Wie kann ich sie finden?«

Die Frau zieht aus einer Tasche ihres Kleides ein Stück Pappe. In die obere Ecke ist eine Ziffernfolge und ein Name gekritzelt. Yasmin. Eine leicht zu lesende Handschrift voller Schnörkel. Wie von einem Grundschulkind.

»Mehr habe ich nicht. Nur das hier. Ich hatte gehofft, dass du für die Polizei arbeitest und vielleicht hast du in der Stadt wirklich Kontakte zu einer Rechtsanwältin. Mir jedenfalls antwortet sie nicht.«

Als der Gesang des Muezzin abebbt ab, hört Wahiba von draußen das Stimmengewirr von Männern und Kindern. Motoren werden angelassen, Autotüren zugeschlagen.

»Hast du wirklich nichts, was du mir über die letzte Nacht sagen kannst? Vielleicht hilft es ja auch Yasmin.«

Die Frau steht auf. Sie geht zu einer Wäschetruhe, öffnet den Holzdeckel und zieht zwischen Bettlaken einen Stoß Papiere hervor.

»Sie hat das hier dagelassen. Sie ist gestern Nacht völlig durchgedreht. Hat gezittert und keinen klaren Satz zu Stande gebracht. Irgendein Matoub habe das alles hiergelassen. Ich weiß nicht, wer das sein soll. Ich kann dir nicht einmal sagen, ob es mit den Schüssen am Strand zusammenhängt. Nimm es bitte mit. Ich schmeiße es sonst fort. Mein Cousin dreht durch, wenn er das hier findet.«

Wahiba greift nach dem Papierstapel und blättert ihn durch. Es klopft an der Tür. Zwei harte Schläge gegen das Holz.

LAUWARMES WASSER LÄUFT über ihren Nacken. Sie hält die Luft an und bohrt sich die Fingernägel in die Haut, bis es stechend schmerzt. Sie schließt die Augen. Sie ist wieder in Berlin. Ihre Haare sind platinblond gebleicht. Ihr Vater liegt auf dem Wohnzimmerteppich. Männer mit dunklen Augen und in bodenlangen Gewändern stehen um den Körper herum und rezitieren ein Totengebet aus den hadith. Ihre Mutter sitzt auf dem Sofa und weint. Als der Schmerz nachlässt, tritt sie aus der Dusche und betrachtet sich im Spiegel. Die Lippe ist geschwollen, der Rücken voller blauer Flecken und Kratzer. Vorsichtig zieht sie einen Kamm durch die Haare und reibt sich anschließend Jodsalbe auf die Unterlippe. Auf dem Handy keine Nachrichten oder Anrufe in Abwesenheit. Yasmin antwortet nicht. Jedes Mal, wenn Wahiba die Nummer anwählt, klingelt das Telefon, ohne dass jemand abnimmt. Sie zieht sich einen Jogginganzug an und geht ins Wohnzimmer. An den Wänden hängen großflächige Aufnahmen der East Side Gallery und der Oberbaumbrücke. Dazwischen sind mit Reißzwecken ältere Fotografien angebracht. Sie sieht die unaufgeräumte Küche in ihrer Berliner WG am Rosenthaler Platz, bunte Flyer auf der Fensterbank und sich selbst in einem bauchfreien T-Shirt. Auf einem anderen Bild hält sie ihr Vater in die Kamera. Die dunklen Locken sind streng nach hinten gekämmt.

Wahiba reißt das Bild von der Wand und legt es umgedreht auf die Anrichte. Sie nimmt einen Teller Feigen aus dem Kühlschrank und bleibt am Fenster stehen. Unterhalb der Wohnung hängen rostige Satellitenschüsseln und Wäschestücke. Bis zur Straße sind es zwanzig Stock Beton. Schwalben schießen pfeilschnell in die Tiefe. Aus einem Topf gießt sie heißes Wasser in eine mit Minzblättern und Honig gefüllte Tasse. Auf dem glatten Porzellan ist der Berliner Fernsehturm abgebildet.

Der Papierstoß aus Ain Taya ist vor ihr ausgebreitet. Es sind Tabellen, Bauzeichnungen und Pläne. Bruchstückhafte Lettern wie von einem alten Nadeldrucker. Mitten in dem Stapel entdeckt sie eine handgeschriebene Liste. Acht Namen. Benmansour, Matoub Bennaceur, weiter unten auch Abdelkader Mekhrid.

Es klingelt an der Tür. Sie dreht die Liste um und späht durch den Türspion. Im Licht einer flackernden Neonröhre sieht sie Samia. Sie trägt ein Kleid mit blauen Punkten. Um die Schultern hängt eine Kuriertasche aus einem gelb gummierten Stoff.

»Was ist passiert? Das sieht ja furchtbar aus!«, fragt ihre Freundin aufgelöst, als sie eintritt. Wahiba winkt ab, führt sie an den Tisch und gießt ihr auch einen Minztee auf.

Samia berührt Wahibas Gesicht und reibt über die Salbe.

»Warst du damit beim Arzt?«

»Es ist nichts passiert! Ein paar Idioten am Strand. Das hätte auch in Berlin passieren können.«

»Du musst ins Krankenhaus. Bei der Hitze kann sich das entzünden. Warum warst du überhaupt alleine am Meer?« Sie rührt einen Löffel Honig in den Tee und schüttelt den

Kopf. »Ich bin seit Jahren nicht mehr alleine unten am Strand gewesen.«

Wahiba greift nach der Namensliste und legt sie zwischen die beiden Tassen.

»Das ist Matoubs Handschrift. Bei Allah …«, sagt Samia.

»Das sind alles Namen aus der Gegend um Bouira. Dein Chef hat dort sein Großprojekt, richtig? Allah ya khoudni! Weißt du, was das bedeutet?«

Samia zieht mit dem Finger über die Namen.

»Matoub Bennaceur war unser Sprengmeister. Letztes Jahr hat er vom Verteidigungsministerium die Erlaubnis erhalten, für das Projekt in den Gorges de Paléstro Dynamit in großen Mengen zu kaufen und zu lagern. Wir wollen eine Trasse durch den Berg schlagen.«

»Lass mich raten. Jetzt ist er verschwunden und wird gesucht.«

Ihre Freundin schiebt die Liste zurück in die Mitte des Tisches.

»Woher weißt du das alles? Das ist streng geheim! Ich sollte das auch nicht wissen.«

Wahiba greift nach Samias Händen und zieht sie zu sich.

»Was ist mit den anderen Namen? Was sind das für Personen?«

Samia blickt zur Seite.

»Lass es. Du bist wie Nadia. Du willst die Gefahr nicht sehen.«

Wahiba geht ins Bad und kommt mit einer dünnen Silberkette zurück. Ein korallenbesetzter Anhänger baumelt zwischen ihren Fingern. Sie küsst das Amulett und hält es ihrer Freundin vors Gesicht.

»Die Kette deiner Schwester. Ich habe sie jeden Tag bei mir. Ich habe deine Schwester nicht vergessen.«

»Nadia hat bis zum letzten Tag nicht einsehen wollen, wie gefährlich es für sie war, und dann …«

»Deine Schwester war eine verdammte Heldin! Sei einfach stolz auf sie.«

»Ich bin aus dem Haus gegangen«, sagte Samia, »wie an jedem anderen Tag. Und dann lag da ihre Hand. Und weiter oben ihr Kopf. Das ist alles noch nicht so lange her. Noch einmal verkrafte ich das nicht. Ich muss jedes Mal an Nadia denken, wenn ich zu dir komme.«

Wahiba breitet die Planungszeichnungen auf der Tischplatte aus. Sie tippt auf das Bild eines Vogels, der aus einem Halbmond herauswächst.

»Ich habe noch mehr als diese Liste. Das ist das Logo eurer Firma.«

Samia blättert die Papiere hektisch durch und stößt fast die aufgeschnittenen Feigen vom Tisch. Sie kneift wütend ihre Augenbrauen zusammen. »Woher hast du das? Das sind Unterlagen aus meinem Büro. Von meinem Schreibtisch!«. Sie zeigt auf ein Papier voller Zahlen. »Das ist die Auflistung der geplanten Sprengungen. Wir müssen das für das Militär immer ganz aktuell halten. Sie kommen dreimal die Woche, um zu kontrollieren, wie viel Dynamit wir einsetzen, und ob noch alles da ist …«

»Wenn du weißt, was ihr offiziell verbraucht, dann kannst du jedes Mal etwas abzweigen. Bei jeder Sprengung ein paar Gramm und nach einem Monat, hast du genug Stoff für eine Bombe.«

»Wo hast du das her? Die Listen muss ich am Abend immer im Tresor einschließen! Versteht du nicht, dass du uns beide in Gefahr bringst!«

»Du weißt das alles und hast mir nie davon erzählt? Vertraust du mir nicht?«

Ihre Freundin starrt unbewegt auf die Listen und krampft die Hände zusammen. »Was soll das überhaupt? Warum machst du das?«

»Ich will aus der ganzen Geschichte einen Artikel für die Zeitung machen. Eine Abrechnung mit der Politik der Nationalen Versöhnung. Die Story soll mit Abdelkader Mekhrid anfangen. Abdelkader war ein Held. Soldat gegen Frankreich in den 60ern und ein Freiwilliger der ersten Stunde im Bürgerkrieg. Und jetzt ist er tot und es gibt nichts über ihn. Nur ein anonym abgeschicktes Fax und diese verdammte Liste. Wahrscheinlich sind das alles Leute, die jetzt wegen Terrorismusverdacht gesucht werden, obwohl sie früher einmal Helden waren.«

»Lass die Finger davon. Vergiss einfach, was ich dir gesagt habe.« Samia springt auf, greift nach den Unterlagen und steckt sie in ihre Tasche.

Wahiba blickt auf ein Bild. Dort sitzt sie neben Samia und ihrer Familie am Strand. Die Brüder in kurzen Badehosen, die Frauen in langen Gewändern.

»Ist es nur wegen deiner Schwester oder nicht auch wegen deiner Brüder, dass du mir nicht helfen willst?« Samia geht zur Tür. »Deine Brüder haben die décennie noire doch überlebt?«

»Ich wünsche beiden den Tod«, sagt Samia mit eisiger Stimme. Sie betrachtet sich in einem Spiegel neben Wahibas Wohnungstür. »Sie sind vielleicht amnestiert worden, aber ich will sie nie wieder sehen. Sie haben Nadias Blut an den Händen.«

»Ich habe in Berlin mehr als einmal gehört, dass sich Brüder manchmal abgesprochen haben. Einer geht zur Armee, der andere zu den Islamisten. Nicht aus Ideologie, sondern damit sie sich gegenseitig schützen können!«

»Lass es.«

»Du musst mit ihnen sprechen. Du kannst nicht so tun, als wären sie für immer verschwunden!«

Samia wirft ihr die Unterlagen entgegen.

»Hörst du dir überhaupt zu!«, schreit sie Wahiba an. »Wenn meine Brüder es jemals wieder wagen, einen Fuß nach Algier zu setzen, dann bringe ich sie eigenhändig um!«

»Ihr redet hier von Versöhnung, Wiedereingliederung, gemäßigten Islamisten und Ausgleich. Alles nur Worthülsen.«

»Was meinst du mit hier?! Du bist auch von hier. Dein Vater ist von hier! Versteh doch. Es ist zu gefährlich. Abdelkader, Matoub, die ganzen Namen auf der Liste ... sie gelten alle als gefährlich und in den Untergrund gegangen!«

»Untergrund?«

»Dreimal pro Woche kommen Offiziere der sécurité militaire zu uns ins Büro, um über die Lage draußen in der Kabylei zu sprechen. Dabei fallen Namen.«

»Warum sollten alte Kämpfer plötzlich zu Islamisten werden? Das macht keinen Sinn.«

»Ich kann dir nichts sagen.«

»Weißt du nichts oder willst du nichts wissen? Ich fahre morgen rauf nach Hammam Righa. Hamoud Benmansour steht auch auf der Liste. Vielleicht macht er den Mund auf.«

»In den Bergen wird immer noch gekämpft. Du warst nicht hier, als es jeden Tag Tote und Anschläge gab. Du warst die ganze Zeit in Berlin!« Ihre Freundin sackt auf dem Sofa zusammen, die Tasche rutscht zu Boden. Sie heult in die Kissen. »Ich habe Angst um dich. Ist das so schwer zu verstehen?«

Wahibas Hände ruhen auf Samias Schultern. Draußen beginnt die Sonne zu sinken. Rötliches Licht legt sich auf die Gebäude und den Hafen. Auf dem dunklen Wasser ruhen massive Containerschiffe. Positionslichter blinken rhythmisch in roten, weißen und grünen Farben. Der Verkehr ist zu hören. Autos und Busse, die sich den Berg hinaufquälen. Wahiba kniet sich neben das Sofa. »Wir können uns nicht für den Rest des Lebens einsperren. Du nicht und ich auch nicht.«

»Lass mich nicht alleine. Nicht schon wieder. Erst gehst du von einem Tag auf den anderen nach Berlin, und jetzt begreifst du einfach nicht, wie gefährlich das ist. Weißt du überhaupt, wie mein Leben in den letzten Jahren war? Meine Brüder waren weg. Du warst weg. Nadia tot. Ich war alleine mit meiner Mutter und dem Horror hier.«

Ihre Freundin weint. Draußen leuchtet es am Himmel. Über den Bergen im Westen der Stadt türmt sich ein Sommergewitter auf. Lichtblitze zucken durch die Nacht. Wahibas Hand liegt auf Samias Kopf. Warme Nachtluft wirbelt die einzelnen Blätter durcheinander.

WAHIBA BIEGT AN EINER nicht asphaltierten Ausfahrt ab und steuert über eine Schotterpiste. Sie fährt nach Westen, vorbei an Baustellen und abgesperrten Werksgeländen. An den Toren prangen großflächig chinesische Schriftzeichen. Sie überholt Busse und überladene Lastkraftwagen. Am Straßenrand stehen Fahnenmaste, an denen die algerische Flagge nass am Metall klebt. Schwarze Wolken hängen in den Gipfeln am Horizont. Die Fahrbahn wird enger und windet sich zwischen Zedern und Felsen langsam in die Höhe. Zwischen den Bäumen tauchen Stromleitungen und kastenförmige Wachtürme aus grünem Mauerwerk auf. Hinter einer Kurve ist die Weiterfahrt plötzlich blockiert. Männer mit asiatischen Gesichtszügen und Kunststoffhelmen warten neben einer Planierraupe. Ein Wagen der Gendarmerie ist quer über die Straße gestellt.

Zwei Soldaten stehen vor dem Fahrzeug. Ihre Armeestiefel sind von rotem Schlamm überzogen. Einer versperrt die Straße und hebt die Hand.

»Was ist?« Samia, die eng in eine Wolldecke gehüllt neben ihr geschlafen hat, schlägt die Augen auf. Sie hat sich am Morgen dazu durchgerungen, ihre Freundin zu begleiten.

Einer der Soldaten scheucht die Arbeiter zurück und kommt auf ihren Wagen zu.

Samia faltet die Decke auf dem Schoß zusammen und

sagt: »Bleib im Wagen sitzen. Egal, was passiert. Die wollen nur unsere Ausweise sehen.«

Der Soldat klopft mit dem Funkgerät gegen die Glasscheibe. Er macht mit der Hand eine drehende Bewegung.

Wahiba öffnet das Fenster einen Spalt weit und lächelt.

»Wir wollen nach Hammam Righa. Fête familiale.«

Er wendet sich ab und spricht ein paar kurze Sätze in das Funkgerät.

»Ausschalten und aussteigen. Alle beide«, sagt er.

Wahiba nimmt Telefon und Portemonnaie aus der Seitentasche und will aus dem Wagen aussteigen, als Samia sie am Arm festhält.

»Bleib sitzen und mach sofort den Motor wieder an.«

Am Einsatzwagen besprechen sich die Soldaten. In der Ferne donnert es zwischen den Wolken. Die Soldaten blicken in Richtung des Gipfels.

»Aussteigen, habe ich gesagt«, sagt der erste Soldat, als er zurückkommt. »Und Hände auf die Motorhaube!«

Samias Hände sind auf der Decke zusammengefaltet.

Der Soldat geht auf das Auto zu und hämmert mit der flachen Hand aufs Autodach.

»Raus hier!«

Samia steigt aus und hält ihren Ausweis vor sich.

»Wir wollen bloß zu einer Feier in den Bergen.«

»Was ist dein Problem, Mädchen? Hier ist Schluss für heute!«

Samia tritt ganz nahe an den Soldaten heran.

»Einer meiner Brüder ist bei euch. Lasst uns wenigstens zurück nach Algier fahren.«

Der Soldat stößt sie heftig zurück. Samia stolpert und

fällt auf die Straße. Er senkt die Maschinenpistole auf ihren Oberkörper und presst einen Stiefel in ihr Gesicht. Er entsichert die Waffe.

Trockenes Holz splittert zwischen den Bäumen. Der zweite Soldat legt die Maschinenpistole an und hastet geduckt auf den Waldrand zu. Er verschwindet hinter einer hochgewachsenen Pinie. Der erste Soldat blickt unsicher zur Seite. Er schwenkt mit der Waffe in den Wald, dann wieder auf Samias Körper.

Schüsse ertönen. Wahiba ist ausgestiegen und steht gebückt neben dem Wagen. Sie blickt dem Soldaten ins Gesicht und sieht, wie ihm Schweißtropfen am Nacken hinablaufen. Samia wimmert. Roter Dreck klebt ihr im Gesicht. Wieder fallen Schüsse. Zuerst nur einzelne Feuerstöße, wie aus einer halbautomatischen Waffe. Dann langanhaltendes MG-Feuer.

Am Waldrand nur dichtes Gestrüpp und Bäume, der Boden ist mit abgefallenen Ästen und Zapfen übersät, zwischen den dicken Stämmen wachsen Grasbüschel und Ranken. Zwischen den Bäumen bewegt sich etwas.

Mit beiden Händen greift Samia nach dem Stiefel und versucht, ihn von ihrem Gesicht wegzudrücken. Der Soldat flucht und verpasst ihr einen Tritt in die Seite.

Als eine Explosion hinter den Bäumen zu hören ist, verpasst der Soldat Samia einen weiteren Tritt und rennt in den Wald.

Samias Kleid ist mit Flecken und Dreck übersät. Sie liegt unbeweglich auf dem Rücken und atmet ruckartig, als Wahiba neben ihr niederkniet. Aus ihrer Nase läuft Blut. Zwischen den Bäumen steigt Rauch auf. Wahiba greift Samia unter die Arme, zieht sie über die Straße zum Wagen und fährt mit Vollgas davon.

DIE HOTELLOBBY IST MIT Polstersesseln zugestellt. In den Ecken stehen vertrocknete Zimmerpflanzen neben Heizlüftern. An der Wand ein Poster des Tourismusministeriums aus den 80er Jahren. Eine blonde Frau sitzt lachend auf einem Kamel, das von einem Tuareg in einem kornblumenblauen Gewand geführt wird. Wahiba fragt nach der Hochzeit der Benmansours und wird zusammen mit Samia zu einer Flügeltür geleitet.

Sie denkt an den zehnten Hochzeitstag ihrer Eltern, unten an der Hafenpromenade in Algier. Wahiba hatte französischer Chansonmusik gelauscht und am kühlen Roséwein aus Tlemcen nippen dürfen. Aromen von Himbeeren, Rosen und bitteren Orangen.

Als sich die Tür öffnet, hört sie den trockenen Klang einer aus Ton gebrannten Darbouka und den Bass einer Ziegenfelltrommel. Zwischen den Musikern steht ein krebsrot angelaufener Dudelsackspieler. Einige Männer tanzen direkt vor der Gruppe. Graubärtige Großväter, die in kaftanähnliche Gewänder gehüllt sind und zahnlos lächeln. Dazwischen junge Männer in schlecht sitzenden Anzügen. Alle reißen sie die Arme nach oben. Schnipsen mit den Fingern. Einige schwingen während des Tanzes Holzstöcke und primitive Gehhilfen. Wie Beduinen mit ihren Gewehren, denkt sie.

Mädchen in bunt verzierten Stoffen drängen sich an Samia und ihr vorbei. Eine ältere Frau winkt ihnen zu und zieht sie unter einem dicken Vorhang hindurch in einen Nebenraum. Dort sitzen Frauen auf Holzbänken und reden in einem Berberdialekt wild durcheinander. Eine Köchin füllt Couscous mit bloßen Händen in die Schüsseln. Dutzende Schalen türmen sich in der Öffnung. Immer wieder stellen Mädchen große Karaffen mit bunten Limonaden neben das Geschirr.

Samia lässt sich auf eine Bank fallen und umfasst Wahibas Hüfte. »Du begreifst immer noch nicht, wie das hier funktioniert«, sagt sie. Ganz ist ihre Panik noch nicht verschwunden. Sie nimmt vorsichtig Wahibas Kopf in die Hände und drückt ihr einen Kuss auf die Stirn, bevor sie den Vorhang ein Stück zur Seite schiebt und in den Festsaal blickt. Die Männer beginnen Tische und Stühle in die Mitte des Raumes zu ziehen. Als die Ersten sitzen, wird aus der Durchreiche Couscous aufgetragen. Immer vier Gäste löffeln Gries, Hammelfleisch und Gemüse aus derselben Schüssel.

Samia winkt Wahiba an den Vorhang und zeigt auf einen Mann mit gewölbtem Bauch inmitten der Gesellschaft. Er trägt eine gehäkelte Chéchia auf dem Kopf und diskutiert lebhaft mit drei älteren Männern. »Ist er das? Er ähnelt wirklich deinem Vater«, fragt sie.

»Hamoud«, sagt Wahiba. »Er war öfter in Berlin zu Besuch. Das letzte Mal hatte ich das Gefühl, dass er mich zum Salafismus bekehren wollte. Ein paar seiner Brüder sind in den Untergrund gegangen. Von den meisten hat die Familie nie mehr etwas gehört.«

»Wegen ihm sind wir doch hier, oder?«

Wahiba hebt den Vorhang weiter an, winkt Hamoud zu und zeigt auf die Durchreiche. Ihr Cousin nähert sich der Durchreiche, beugt sich über das aufgestapelte Geschirr, murmelt eine religiöse Formel und küsst Wahiba auf die Wange.

»Sobald alle gegessen haben, werden wir en famille tanzen«, sagt er. »Hoffentlich hast du das nicht verlernt.«

»Ich bin nicht zum Feiern gekommen«, sagt sie, schiebt eine Karaffe beiseite und stützt sich mit den Ellbogen ab.

»Was willst du dann?«

»Abdelkader Mekhrid ist tot. Den Namen habt ihr genannt, wenn es um Madjid und Adnane ging. Ich erinnere mich, wie Papa mit Onkel Mahmoud telefoniert hat. Auch du hast ihn erwähnt. An dem Tag, als du mich in Weißensee von der Schule abgeholt hast.«

Hamouds Blick verfinstert sich. Er stellt sich gerade hin und rückt die Chéchia zurecht. »Das ist kein Thema für einen Feiertag wie heute.«

»Genau deshalb frage ich dich jetzt. Nachher können wir feiern und tanzen.«

»Siehst du den Mann, der da hinten sitzt?« Er zeigt auf eine Gruppe Männer, die dicht gedrängt um Schüsseln und abgenagte Knochen stehen.

»Der mit der Brille ist Adnanes und Madjids Vater. Er quält sich jeden Tag mit der Frage, was aus seinen Söhnen geworden ist.«

»Ihr vermutet, dass Abdelkader Mekhrid dahintersteckt?«

Während einer der Gäste neue Schüsseln in den Saal trägt, blickt Hamoud sich um.

»Das ist eine alte Geschichte«, sagt er. »Mit dem Segen des Allmächtigen feiern wir heute die Zukunft. Du bist eingeladen mitzufeiern. Vergiss das nicht.«

»Scharmuta! Du hast immer wieder von den beiden gesprochen, als du für Papas Beerdigung in Berlin warst. Ewige Rache, und dass ihr das Onkel Mahmoud nie vergeben würdet! Jetzt tu nicht so, als spiele das keine Rolle mehr!«

»Er ist keinen Deut besser als die Franzosen. Madjid und Adnane waren jeden Tag in der Moschee. Bis zum Sommer '99. Dann sind sie von einem Tag auf den anderen verschwunden. Ich habe jahrelang auf deinen Onkel eingeredet. Dein Vater hat es auch versucht. Bis zuletzt hat er seinen Bruder bekniet. Aber dein verdammter Onkel hat uns noch nicht einmal angehört! Alles, was wir bekommen haben, war ein einziges Protokoll über einen Militäreinsatz. Und ja – an diesem Tag hatte Abdelkader Mekhrid das Kommando.«

Trommelschläge sind zu hören. Dutzende Männer strömen an Hamoud vorbei in die Mitte des Raumes und beginnen, Stühle und Tische an die Seiten zu schieben. Wahiba versteinert. In einer Seitentür bemerkt sie einen Mann. Derselbe kurz geschorene Bart wie vor dem Club in Ain Taya. Dieselben Augen. Dasselbe Lächeln.

Wahiba drängt sich an den Frauen und Schüsseln vorbei in den Festsaal hinein. Sie eilt einen unbeleuchteten Gang entlang und begegnet dem Mann in einem ummauerten Innenhof wieder. Dann ist er plötzlich verschwunden. Auf der gegenüberliegenden Seite sieht sie einen Wollvorhang. Der Stoff bewegt sich noch. Sie reißt ihn beiseite und tritt mitten auf einen Markt.

Neben dem Hotel reihen sich gezimmerte Holzstände eng aneinandergerückt auf. Plastikspielzeug, Ledersandalen und Badeartikel liegen auf den Tischen und in Kisten. Männer in Trainingsanzügen stehen in Gruppen um die Verkaufsstände.

Sie sieht den Mann hinter einer Biegung verschwinden und drückt einen Verkäufer zur Seite. Sie rennt vorbei an DVDs und blinkenden Koransuren aus Neonleuchten. Am Ende des Marktes steht sie vor einer heruntergekommenen französischen Villa mit einem eingestürzten Dach. Pflanzen ranken sich an der verschnörkelten Fassade empor. Der abgeschlagene Kopf eines Wasserspeiers liegt zwischen Planken und Plastiksäcken im Gras. Er kann nur dort verschwunden sein. Die Tür steht halb offen. Sie zwängt sich hinein.

Reste von Tapeten hängen an den Wänden. Auf dem Boden Müll und heruntergefallene Stuck-Elemente. Durch eine der Fensteröffnungen kann sie bis in die Mitidja-Ebene blicken.

Irgendwo atmet ein Mensch. Abgehackt und in kurzen Zügen.

An der rechten Seite entdeckt sie einen Wanddurchbruch. Dahinter führt ein kurzer Gang zu einer Treppe. Schritt für Schritt steigt sie die Basaltstufen empor. Der Handlauf ist bis auf wenige Holzlatten zerbrochen. Unter einem Fenster liegt eine fleckige Matratze. Daneben ein Gaskocher und zwei zusammengedrückte Plastikflaschen. Ihr Blick fällt auf eine ausgebreitete Tageszeitung. Sie geht langsam auf die Matratze zu und blickt auf das Papier. L'*Algérie progresse* – der Bericht über den Besuch des Präsidenten in Oran. Ihr Name steht unter dem Artikel, rot umkreist.

Im selben Augenblick bemerkt sie ihn. Er zieht ein langes Messer aus dem staubbedeckten Umhang und spricht Gebetsformeln.

Als sie schreien will, erscheint ein olivgrüner Hubschrauber über dem aufgebrochenen Dachstuh. Er steht direkt über dem Haus wie ein gepanzertes Insekt.

Sie nutzt den Moment der Verwirrung und stürzt die Treppe hinunter. Im Flur hat der Rotor Staub und Plastiktüten aufgewirbelt. Im vollen Lauf greift sie in den Rahmen der Eingangstür und zieht sich nach draußen. Männer schreien wild durcheinander. Sie weicht Stofftüchern und Wimpelketten aus. Ihr Handy vibriert und piept. Nach ein paar Minuten erscheint vor ihr der graue Plattenbau des Hotels. Sie flieht eine Kellertreppe hinunter, an deren Ende sie warmer Dampf umfängt. Pfützen stehen auf dem Boden. Sie strauchelt und wird von nackten Armen aufgefangen. Frauengesichter. Nasse, offene Haare. Mädchen in Badetüchern, mit Hennamustern auf Händen und Unterarmen. Ein Tauchbecken gefüllt mit schwefligem Wasser befindet sich am Ende des Raumes. Wahiba lässt sich fallen, stößt sich die Knie an den blassgrünen Kacheln und stützt sich mit den Händen ab. Hinter ihr im Eingang ist niemand zu sehen.

Als sie den Mut fasst, vor die Tür zu treten, ist der Platz vor dem Hotel menschenleer. Der Hubschrauber ist nicht mehr zu hören. Ihr Handy klingelt.

»Habibti, Wahiba, endlich!«, schreit Fayçal sie an, als er in der Leitung ist. »Bist du noch in Hammam Righa?«

»Hast du schon einmal eine arabische Hochzeit erlebt, die nach nur zwei Stunden vorbei ist?«, schreit sie zurück.

»Vergiss die Hochzeit!«, sagt Fayçal. »Hier kommt gerade was rein. Die Armee ist mit Hubschraubern am Djebel Zaccra im Einsatz. Angeblich haben sie ein Kommando der Groupe Salafiste pour la Prédication et le Combat eingekreist. Zwei Malier sollen auch unter den Kämpfern sein.«

»Ich kann nicht.«

»Du bist direkt vor Ort. Das ist dein verdammter Job!«

»Wie soll ich das machen?«

»Lass dir was einfallen! Du bist doch sonst immer so flexibel.«

Sie atmet tief durch, reibt sich über das schmerzende Knie und legt den ganzen Schmerz in ihre Entschlossenheit.

»Unter einer Bedingung«, sagt sie.

»Welche?«

»Ich kann schreiben, was ich will. Keine Vorgaben.«

Weit entfernt sieht sie mehrere Hubschrauber auf einen Berghang zufliegen. Dunkler Rauch steigt aus den Felsen auf. Der Wald steht in Flammen.

NACH KURZER FAHRT BEGEGNEN Wahiba am Straßenrand unverputzte Häuser mit Wellblechdächern und Auslagen aus Sperrholz. Schrumpeliges Obst und Gemüse liegt in offenen Kisten. Autoreifen stapeln sich unter einem Fenster. Zwei Männer stehen neben einem Metallschild, das die Richtung zur nächsten Ortschaft anzeigt. Der Horizont steht in Flammen. Dicker, schwarzer Rauch steigt in Säulen aus den Hängen auf. Wahiba hält an und breitet eine Landkarte auf der Motorhaube aus. Sie wird sich rechts halten müssen. Einer alten Frau mit furchigem Gesicht, die sich bis eben im Schatten des Eingangs versteckt hat, legt sie eine Kupfermünze in die Hand, als sie neben den Auslagen nach einer Flasche Wasser greift.

»„Salam Aleikum, Hadj! Gibt es eine Straße, die näher an den Berg führt? Hinauf zum Pass?« sagt sie zu einem der Männer.

Auf seinem Hinterkopf sitzt eine gestrickte Pudelmütze. Die Augen liegen tief eingesunken in seinem Schädel, Bartstoppeln sprießen aus dem Kinn hervor. Er zeigt auf den Ortsausgang, dann auf den Berg und die Rauchwand.

»Die Straße, la route, la route vers la montagne?«, fragt sie.

Der Mann schüttelt den Kopf und zeigt zum Himmel. Als sie weiterfährt, sieht sie im Rückspiegel, wie er immer noch in ihre Richtung zeigt.

Der Asphalt wird rissig. Sie steuert um tiefe Schlaglöcher herum, als die Straße sich verengt und direkt auf eine Wand aus Rauch zuführt. Zwischen großen Pinien bemerkt sie einen Waldweg. Die rote Erde ist von schweren Ketten aufgewühlt. Sie stellt den Wagen hinter einem Stapel gefällter Bäume ab. Aus dem Kofferraum holt sie einen Rucksack. Darin verstaut sie Kamera, Halstuch und eine Flasche Wasser. Den Presseausweis lässt sie im Handschuhfach zurück, bevor sie an der aufgewühlten Stelle vorbei in den Wald hineingeht.

Hinter einer Biegung steht ein gepanzerter Jeep mitten auf dem Weg. Die Außenwand aus grob geschmiedeten Metallplatten in grüner und weißer Farbe. Schwarze Gitter und Luken sichern die Scheiben. Neben der Dachluke ist eine Halterung für ein Maschinengewehr montiert. Von der Besatzung fehlt jede Spur. Wahiba schleicht sich an den Wagen heran und hört das dunkle Brummen des Diesels. Sie schießt ein Foto. Die Fahrertür steht einen Spalt weit offen. Auf Sitzhöhe sind Einschusslöcher zu erkennen.

Sie schießt ein weiteres Foto vom Innenraum. Vom zerschlissenen Fahrersessel, den schmutzigen Armaturen und einem leeren Pistolenhalfter. Auf einem der Sitze klebt Blut.

Plötzlich sind Stimmen zu hören. Trockenes Holz bricht zwischen Pinien und Zedern. Sie zieht sich hinter einem querliegenden Baumstamm zurück und lässt sie sich zu Boden gleiten. Kamera und Rucksack zieht sie hinter sich her. Das Brummen des Motors stirbt ab. Hinter einer massiven Zypresse vernimmt sie Schritte und ein metallisches Klappern. Sie presst die Hände in den warmen Waldboden, um notfalls loszusprinten und wartet ab. Sechs junge Männer in

Kampfanzügen gehen an der Zypresse vorbei, um tiefer in den Wald vorzudringen. Die Vorhut hält Sturmgewehre in den Händen. Ersatzmagazine sind mit schwarzem Klebeband an die Waffen geheftet. Sie erkennt blaue Turnschuhe und ein Palästinensertuch, schwere Armeestiefel und einen Helm. Vier Männer halten eine Trage aus hellem Segeltuch. Über den Rand baumeln nackte Füße und eine Hand. Sie wartet, zoomt heran und schießt noch ein Foto.

Hinter einer Bodenwelle geraten sie außer Sicht. Ein dumpfes Grollen ertönt in der Ferne. Wahiba kehrt in die Richtung zurück, aus der die Gruppe gekommen ist.

Rauch liegt in der Luft. Als habe jemand in ihrer Wohnung den Herd mit einem Streichholz angezündet und das Feuer dann ausgeblasen. Abrupt bleibt sie stehen und blickt sich um. Sie sieht nur ausgedörrte Beeren, Blätter und Äste. Dann wird es schlagartig dunkel.

Die Sonne ist hinter einer massiven Rauchwolke verschwunden. Heiße Asche fällt wie Schnee auf sie herab. Flammen knistern. Eine der Zedern steht in Flammen. Das Feuer rast an der trockenen Rinde in die Höhe. Glühende Funken fallen aus den Baumkronen herab. Zweige und Blätter fangen Feuer. Die Pinienzapfen platzen auf. Sie rennt zu einer Ansammlung von Felsen, atmet beißende Dämpfe ein und muss husten. Brennende Späne wirbeln durch die Luft. Ihr wird übel. Hektisch gießt sie, während sie läuft, das Wasser über das Halstuch und bindet sich den Stoff vor Nase und Mund. Sie wischt sich Asche und Funken aus den Haaren, springt in einen ausgetrockneten Bachlauf, stolpert über Kiesel und Felsbrocken und rennt, bis sie keuchend zu Boden stürzt.

Vor ihr liegen ein verbrannter Stumpf, eine verschmorte Schuhsohle und Streifen einer Uniformhose. Dazwischen sieht sie aufgeplatzte Haut und ein Knie. Es riecht nach verkohltem Fleisch. Sie übergibt sich. Ein zweites abgerissenes Bein liegt am Rande eines Kraters. Wurzeln, Steine und Metallteile liegen um die Einschlagstelle verteilt. Zwischen Ästen kann sie die Reste eines Funkgerätes, Überreste von Armeekleidung und einen abgerissenen Arm ausmachen. An der verkohlten Hand steckt ein Ring. Sie greift nach der Kamera und schießt Foto um Foto, bevor sie den Berg weiter hinauf marschiert. Wieder sind da Geräusche. Wimmernde, menschliche Laute. Die letzten Meter kriecht sie auf allen vieren voran und späht an einem Felsen vorbei. Zwei junge Männer mit weit von sich gestreckten Armen und Beinen liegen regungslos über einer Wurzel. Einer alten Frau fehlen ein Arm und ein Bein, drei Mädchen in kurzen Röcken und Strumpfhosen blicken sie aus starren Augen an. Ihre Haut ist mit Brandblasen überzogen und hängt innen vom Unterschenkel herab. Eine weitere Frau wirft ihren Oberkörper ruckartig hin und her. Ihr fehlen beide Beine. Inmitten der Gruppe steckt ein aufgeplatzter Metallkanister im Boden. Aus einer Öffnung steigt weißer Dampf.

Wahiba zittern die Hände. Sie kann keine Fotos mehr schießen. Sie will nur noch weg. Krämpfe durchziehen ihren Körper. Nach ein paar Metern lässt sie sich zu Boden sinken.

Schüsse ertönen hinter den Bäumen. Eine weit entfernte Explosion. Zwischen trockenen Zweigen sieht sie ein Stück asphaltierte Straße. Von dort dringen Motorengeräusche in den Wald. Sekunden später rollen altertümliche Schützenpanzer vorbei. An den Luken Soldaten hinter Maschinengewehren. Sie fotografiert.

Als das Brummen verstummt, drückt sie sich an struppigen Büschen vorbei und geht immer parallel zur Straße zum Holzstapel zurück. Der rote Lack ihres Wagens ist mit Asche und Staub überzogen. Der linke Seitenspiegel abgerissen. Die Beifahrertür ist aufgebrochen. Der Presseausweis ist aus dem Handschuhfach verschwunden.

DIE SONNE IST UNTERGEGANGEN, in den Fenstern des Hotels spiegeln sich bunte Lichter. Wahiba steht im Bad und hustet in das Waschbecken. Sie lässt sich rückwärts auf das Bett fallen. Die Federung quietscht. Sie greift nach der Kamera, die an dem Metallgestell hängt, und sieht sich die Aufnahmen an. Hubschrauber im Anflug auf den Berg. Der zerschossene Jeep. Blut auf dem Sitz. Bewaffnete. Verbrannte. Der Kanister. Sie klappt den Rechner auf, wählt sich über einen Stick ins Internet ein.

Zögerlich beginnt sie, Stichworte für den Artikel in den Rechner zu tippen. Chaos, Waldbrand, tote Soldaten, ein Massaker. Hinter das Wort Phosphor setzt sie ein Fragezeichen. Es klopft an der Tür. Sie hebt den Kopf und wartet.

»Bist du da?« Es ist Hamouds Stimme.

Sie wickelt hastig eine Decke um die nackten Beine und flüstert an der Tür: »Samia schläft schon.« Ihre Freundin liegt auf einer Schaumstoffmatratze in der anderen Ecke des Zimmers.

»Ich warte unten im Restaurant!«, sagt Hamoud.

Eine mit stumpfen Blechplatten ausgeschlagene Bar steht rechts im Saal. Daneben fünf Holztische mit Tischdecken und ein Kühlschrank. Über einem der Tische brennt eine nackte Glühbirne. Hamoud sitzt bei einer Flasche Saft, Fladenbrot und kalten Merguez, als sie hereinkommt.

»Die Straße ist wieder offen. Vor vier Stunden ging der erste Bus zurück nach Blida. Getränke sind im Kühlschrank. Ein paar Würste auch noch. Warte nicht auf einen Kellner. Ich habe es schon versucht. Die sind alle weg.«

»Wer war der Mann auf der Hochzeit? Er stand in der Seitentür und ist weggerannt«, fragt sie zurück.

»Wir hatten mehr als vierhundert Gäste. Da müsste ich schon mehr über ihn wissen. Wieso bist du ihm nachgerannt? Wo warst du den ganzen Tag? Kann ich mich dir überhaupt noch anvertrauen? Nicht, dass du unsere kleinen Geheimnisse gleich an deinen Verbindungsoffizier weiterträgst.« Er kaut und schluckt ein Stück der Rindswurst hinunter.

»Lass den Mist. Wir sind doch en famille. Ich muss morgen ganz früh zurück nach Algier. Erzähl mir etwas über Abdelkader Mekhrid.«

Hamoud streicht über seinen Kinnbart. Er lächelt sie überlegen an, ganz wie sie es aus Berlin kennt.

»Du hättest öfter mit deinem Vater sprechen müssen. Er war mittendrin.«

»Niemals!« Wahiba spricht das Wort schnell und heftig aus. Sie denkt an die unzähligen Moscheebesuche ihres Vaters in Berlin.

Hamoud wischt die Fettspritzer auf dem Teller mit einem Stück Brot auf. »Dein Vater war ein Parteigänger Allahs. Er hätte euch sonst niemals so schnell außer Landes bekommen. Wir haben ihn bewusst nach Berlin geschickt, um dort Gelder für unsere Sache zu sammeln. Und das hat er getan. Bis zu seinem Tod. Alhamdulillah.«

»Ich glaube dir kein Wort.«

»Chère cousine. Du hast keine Ahnung von deiner eigenen Familie.« Er leckt langsam die Fingerspitzen ab. »Al islam hoa el hal. Das gilt auch für dich. Stell dich nicht so an.«

»Hör auf, dir den Mund vollzustopfen und so eine Scheiße zu erzählen!«

Hamoud geht zum Kühlschrank und kommt mit einem weiteren Teller zurück.

»Dein Vater wusste, auf welcher Seite er zu stehen hatte. Bei dir bin ich mir nicht so sicher. Daoula al-islamiya, allaiha nahia, allaiha namud. Sagt dir das nichts?«

»Was soll der Mist? Glaubst du immer noch an den Gottesstaat? Nach alldem, was hier passiert ist? Hast du am Nachmittag mal aus dem Fenster geschaut?«

Er breitet seine Arme aus wie ein Prediger. »Heute war ein Festtag. Für alle, die mit uns gefeiert haben. Nur nicht für dich. Schau dich um! Wir sind eine glückliche Gemeinschaft. Der Islam ist die Lösung. Du hättest den ganzen Tag mit der Familie verbringen können. Du wärest eins gewesen mit der Gemeinschaft. Und nun sitzt du ganz alleine hier. Noch nicht einmal deine Freundin ist bei dir. Das macht mich traurig.« Er tunkt eine kalte Wurst in die Harissa und beginnt wieder zu essen. Wahiba spielt mit der Öffnung der Flasche und lässt ihren Finger über das glatte Glas gleiten.

»Was, wenn ich dir sage, dass Abdelkader Mekhrid und weitere Männer aus seinem Trupp als islamistische Terroristen gesucht werden?«, fragt sie leise.

»Abdelkader diente dem Taghout. Wenn er tot ist, dann ist das gut und lange überfällig.«

»Aber das Militär hat sie zur Fahndung ausgeschrieben. Die werden einen Grund haben.«

»Du weißt nichts. Überhaupt nichts!« Er lacht. »Ich hätte dich '97 mit Gewalt zurück nach Algerien bringen sollen. Es ist eine Schande, wie wenig du über unsere Traditionen weißt. Einen Pass hatte ich für dich schon beantragt.«

»Das hast du nicht gewagt!«

»Ich bin dein Cousin. Dein letzter männlicher Verwandter. Du kannst hier noch nicht einmal heiraten ohne mein Einverständnis.«

»Ich habe noch meinen Onkel.«

Hamoud donnert beide Fäuste fest auf den Tisch.

»Al matdaqiya heya el-asl el-ischtirakiya. Dein Onkel ist kein Gläubiger! Er hat seinen Sozialismus und sein Militär. Du hast wirklich keine Ahnung. Von nichts.«

Er hebt die Hand wie zum Schlag und sagt: »Madjid hat geheiratet. Die Tochter von Mohamed Chikri. Fast niemand in der Familie weiß davon. Eine Fatiha-Ehe im Untergrund. Zwei Tage später hat dein Abdelkader ihn ermordet. Weil er an Chikri nicht herangekommen ist. Das ist die verdammte Wahrheit.« Er senkt langsam die Hand und legt sie auf dem Tisch ab.

Wieder muss sie husten und spuckt in ein Taschentuch. Es färbt sich rot. »Mohamed Chikri? Meine Zeitung skizziert ihn als Anführer der Groupe Islamique pour la Prédication et le Combat. Ich kenne niemanden, der ihn in den letzten Jahren gesehen haben will und das überlebt hat. Der Mann ist ein Massenmörder. Sonst nichts«, sagt sie.

»Chikri wurde amnestiert.«

»Du lügst wie gedruckt.«

Hamoud geht direkt auf sie zu.

»Zwei aus unserer Familie haben die Fatiha-Ehe bezeugt.

Sie haben mit Chikri und seiner Familie gefeiert, das Henna an den Armen der Braut bewundert und mit ihren eigenen Händen vom Festhammel gegessen. Ich war der eine. Der andere war dein Vater.«

Er spuckt verächtlich zu Boden. »Du bist keine Benhamid mehr. Du gehörst nicht mehr zur Familie. Du bist eine verkommene fassiqa.«

DER WIND DRÜCKT ZWEIGE und Kabel gegen das Fenster. Samia dreht sich im Halbschlaf um. Sie hört nur verschwommen, wie ein Mann schimpft und eine Tür zuschlägt.

Langsam setzt sie sich auf, lässt die Füße auf den kalten Steinboden gleiten und flüstert Wahibas Namen. Das Bett auf der anderen Seite des Zimmers ist leer. Davor stehen mit Erde überzogene Schuhe. Kamera und Laptop liegen auf dem Tisch. Der Digitalwecker zeigt halb drei.

Sie hört schlurfende Schritte im Flur. Die Türklinge wird gedrückt. Wahibas Augen sind blutunterlaufen, als sie eintritt. Die Pupillen stark geweitet. Samia hat Mühe, sie aufzufangen und auf das Bett zu legen. Wahibas Atem geht schnell. Sie hustet in ein Kissen.

Samia rennt ins Badezimmer und wischt mit einem feuchten Handtuch über Wahibas Gesicht. Erfolglos sucht sie nach Medikamenten. Sie küsst Wahiba auf die Haare und eilt hinaus auf den Flur. Ganz am Ende scheint Licht unter einer Zimmertür hindurch.

Sie will klopfen, als sie Wahibas Namen vernimmt. Der Mann hinter der Tür telefoniert wütend. Immer wieder erwähnt er ein Feuer im Wald und den Namen von Wahibas Zeitung. Samia denkt sofort an die Kampfhubschrauber und die verwirrten Schreie auf der Hochzeitsfeier. Zusammen mit den anderen Frauen hatte sie auf der Terrasse gestanden und fassungslos in den Himmel geblickt.

Sie eilt die Treppe hinab in die Lobby. Vielleicht kann sie dort Hilfe finden. Die Halle ist verlassen, Kasse und Telefonanlage ausgeschaltet. Als sie oben Schritte hört, kauert sie sich hinter einen Sessel. Im Licht der Eingangslaterne sieht sie, wie ein Mann zur Tür hinausgeht und einen schweren Armeeanorak überstreift. Wenige Augenblicke später startet ein Motor. Die Scheinwerfer strahlen kurz auf und werfen Schatten.

Sie will wieder ins Zimmer zurück, als sie ein klapperndes Geräusch aus dem Festsaal vernimmt. Eine Frau in einem Kittel räumt Essensreste in eine Tüte. »Eina Tubib? Medecin? Mustaschfa?«, fragt Samia laut. Ihre Stimme zittert. Die Frau schreckt auf und versteckt die Reste hinter dem Rücken. Kurz entschlossen fasst Samia nach ihrer Hand und zieht sie mit sich die Treppe hinauf.

Wahiba liegt immer noch auf dem Bett und hat sich übergeben. Die bräunliche Flüssigkeit tropft von der Matratze auf den Boden. Samia streicht über die glühende Stirn, während die Alte Beschwörungen spricht und Allah um Hilfe anruft. Samia fragt nach einem Arzt oder einem Krankenhaus. Die Frau zuckt mit den Schultern, als habe sie es nicht verstanden. Immer wieder flüstert sie die gleichen Formeln. Dann blickt sie Samia an und zeigt aus dem Fenster. »Tubib negativ. Faqat fil Djazair. Alger!«

Algier. Über 100 Kilometer quer durch die Nacht und das Gebirge. Wieder vorbei an dem Checkpoint. Ihr wird bewusst, dass sie sich viel zu weit rausgewagt hat. Wie eine leichtsinnige Schwimmerin. Der Wecker zeigt kurz nach drei.

Sie packt ihre Sachen, während die Frau den Vorhang beiseite schiebt und gegen das dünne Fensterglas schlägt. Sie springt auf, zieht die Frau zurück und blickt auf den Parkplatz. Neben Wahibas Auto steht ein weißer Lieferwagen. Zwei Männer in Arbeitskleidung sitzen auf der Laderampe und rauchen. Einer blickt nach oben.

Ohne ein Wort zu verlieren, drängt Samia die Frau, ihr zu helfen. Vorsichtig tragen sie Wahiba durch die Küche bis zur Rückseite des Hotels, wo Samia die Frau bittet, bei ihrer Freundin zu bleiben. Sie streicht sich die Kleider glatt und geht langsam über den Parkplatz. Niemand ist zu sehen. Die Laderampe ist leer.

Als sie die beiden Männer kommen sieht, öffnet sie den Wagen und duckt sich hinter das Steuer. Sie laden eine schwere Metallkiste ab und tragen sie ins Hotel. Im Eingang steht der Mann im Armeeanorak.

Als sich die Eingangstür schließt, startet Samia den Motor, schaltet das Radio aus und fährt zum Hintereingang, wo die Frau ihr hilft, Wahiba auf die Rückbank zu legen.

Im großen Kreisverkehr vor dem Hotel nimmt sie die letzte Ausfahrt. In der Mitte ist eine überdimensionierte Amphore aus Metall installiert. Die Straße führt hinab ins Tal zur Autobahn, eine andere hinauf in die Berge. Als Samia zwei Lichtpunkte im Rückspiegel entdeckt, dreht sie sich zu Wahiba um. Der Wagen kommt von der Passstraße, er kommt näher.

Hinter einer Kurve taucht ein Feldweg auf. Samia reißt das Steuer herum und der Wagen ruckelt über den Sand. Gras kratzt am Unterboden. Für einen kurzen Moment wird es hell.

Ihr Verfolger schießt auf der Hauptstraße an ihnen vorbei. Auf der Rückbank glaubt Samia, Uniformierte zu erkennen. Sie presst die Fingerspitzen gegen die Schläfen. Vielleicht eine Ablösung, vielleicht auch eine Falle. Der Weg durch das Gebirge ist zu gefährlich. Nach all den Hubschraubern und den Soldaten. Es ist halb vier, vier. Bis zum Morgengrauen fehlen nur ein paar Stunden.

Als sie erneut zwei Lichtpunkte an der Hauptstraße sieht, fährt sie über den Feldweg weiter. Die Reifen schleudern Steine und Gras auf. Im Licht der abgeblendeten Scheinwerfer ist nur die Mitte des Feldweges zu erkennen. Jede Sekunde rechnet sie damit, dass der Wagen sich festfährt, die Räder durchdrehen.

Auf der Rückbank atmet Wahiba, als müsste sie die Luft durch einen Strohhalm ziehen. Nach einer endlosen Fahrt durch die Dunkelheit erreicht sie wieder Asphalt. Eine Seite der Straße führt um einen Felsen, die andere ist abschüssig. Hinter der nächsten Kurve bremst sie. Vor ihr blinken Lichter rhythmisch wie Morsezeichen. Sie setzt den Wagen hinter ein Gebüsch und bremst auf dem Schotter.

Aus der Tasche auf der Rückbank zieht sie Wahibas Telefon. Kein Empfang. Sie flucht und schlägt mit der Hand aufs Steuerrad. Vorwürfe rauschen ihr durch den Kopf. Hat sie die Situation falsch eingeschätzt? Sie kannte doch die Gegend. Die Orte entlang des Djebel Zaccra waren voller Geschichten über die Islamisten. Ihre Schwester wäre nicht auf diese Feier gefahren und niemals hätte sie dort übernachtet.

Hilfesuchend blickt sie auf die Rückbank. Sie sucht im Adressverzeichnis nach der Telefonnummer von Wahibas

Onkel. Sie schreibt eine SMS. *Sind in zwei Stunden in Algier. Brauchen Hilfe. Wahiba womöglich vergiftet.* Sie drückt mehrmals auf Absenden. Die SMS bleibt im Postausgang hängen.

Die Lichtpunkte vor ihr blinken wieder auf. Sie sind deutlich näher gekommen. Abwechselnd blickt sie auf die Straße und das Handy, das wie tot in der Hand liegt. Sie zählt immer wieder bis zehn, muss sich beruhigen. Soll sie nicht doch aussteigen, den Wagen anhalten und um Hilfe rufen?

Sie darf niemandem trauen. Diese Lektion hat sie gelernt. Wahiba mochte die 90er Jahre in Berlin verbracht hatten, sie hingegen hat die ungeschriebenen Regeln verinnerlicht. Keine Überlandfahrten nach Einbruch der Dunkelheit, keine Übernachtungen im Gebirge, keine laute Musik oder öffentliche Feiern, wenn man nicht jeden der Gäste kannte.

Sie beobachtet jede Zuckung in Wahibas Gesicht, bis der Wagen an ihnen vorbeischießt. Wahiba liegt unbewegt auf der Rückbank. Still und schwer wie ein Stein.

Neben Bäumen wird ein verbeultes Schild sichtbar. Alger, 80 km. War hier schon der Checkpoint oder erst hinter einer der nächsten Kurven?

Im Schritttempo rollt der Wagen die Straße hinunter. Immer wieder blickt Samia sich um. Die Sterne sind verschwunden. Das Handy hat immer noch keinen Empfang. Im schwachen Licht der abgeblendeten Scheinwerfer blitzt plötzlich etwas auf. Sie tritt die Bremse.

Eine Bergziege starrt sie an. Die Pupillen des Tieres sind weit aufgerissen. Sie steht mitten auf der Straße und bewegt sich nicht. Erst jetzt bemerkt Samia, wie sehr sie zittert. Die Angst schnürt ihr den Hals ab. Das Tier starrt sie an. Leise, fast flehentlich, redet sie auf das Tier ein. Im Rückspiegel erscheint ein schwaches Licht. Samia schlägt mit der Faust auf die Hupe und drückt das Gaspedal voll durch. Der Wagen macht einen Satz nach vorne. Sie schreit.

Sie wird es niemals bis Algier schaffen. Niemals, denkt sie.

IM ZIMMER HERRSCHT STILLE. Wahiba lässt den Arm aus dem Bett baumeln. Die Übelkeit ist verschwunden, all die furchtbaren Erinnerungen an den Wald sind weit weg. Der Arm kribbelt. Wahrscheinlich ist er eingeschlafen. Leise flüstert sie Samias Namen, erst als eine Reaktion ausbleibt, öffnet sie die Augen.

Die Wände sind bis zur Hälfte grün gestrichen. Licht fällt nur durch ein kleines, vergittertes Fenster oben an der Wand. An der gegenüberliegenden Wand nimmt sie eine geschlossene Tür wahr, auf dem Nachttisch ein leeres Reagenzglas. Weiß gestrichene Schränke. In der Ecke ein Wasserhahn und ein Loch im Boden.

Sie zieht die Decke zur Seite. Sie trägt nur einen weißen Kittel und kurze Socken. Wo sind ihre Sachen? Bei dem Versuch aufzustehen, sackt sie aufs Bett. Schlagartig kommt die Übelkeit zurück. Sie krallt sich an den Metallrahmen. Die Kissen rutschen zu Boden. Dort, wo bis eben ihre Hand gelegen hat, sieht sie rot-braune Flecken.

Erst jetzt fällt ihr die Kanüle auf. Mit einem Pflaster ist ein rotes Stück Plastik auf dem Handrücken fixiert. Die Haut rund um den Einstich ist stark marmoriert.

Sie versucht, zur Tür zu gehen. Der Plastikschlauch schleift hinter ihr über den Boden. Sie spürt, wie ihr erneut die Kräfte schwinden und greift nach dem Knauf. Verschlossen. Sie rüttelt und will um Hilfe rufen, doch die Zunge liegt schwer im Mund. Als sie schluckt, brennt es in der Speiseröhre.

Sie klopft. Zunächst nur einzelne Schläge, dann prügelt sie immer fester und schneller auf die Tür ein. Sie presst das Ohr ans Holz. Auf der anderen Seite ist es still. Keine Stimmen und keine brummenden Motoren, nichts. Durch das Schlüsselloch kann sie nur eine Wand erkennen.

Wahiba sinkt auf den nackten Boden, sie presst die Hände gegen die Schläfen. Hamoud hat sie wüst beschimpft, als glaube er immer noch an den Sieg der Islamisten. Hatte er sie weggebracht und eingesperrt?

Die Zeiten der Daoula islamiya waren doch vorbei. Sie stellt sich Hamoud im Gebetsgewand inmitten einer Gruppe bewaffneter Kämpfer vor. Das hier war doch nicht Afghanistan.

Sie kreischt. Natürlich war es das. Wie hatte sie nur so blind und naiv sein können? Niemals wieder würde sie hier herauskommen. Hamoud muss wegen der Geschichte um ihren Vater die Nerven verloren haben.

Hektisch sucht sie die Wände ab. Bis auf eine Kupfertafel mit der Aufschrift *min al schab wa ila al schab* sind sie kahl. Keine Uhr, kein Kalender. Stunden, vielleicht auch Tage können vergangen sein.

Sie blickt zu der vergitterten Öffnung hoch. Mühsam schiebt sie das Bett an die Wand, kniet sich auf die Matratze und zieht sich am Gitter nach oben. Ihre Beine zittern, als das Bettgestell zu wackeln anfängt, und sie sinkt auf der Matratze zusammen.

Nachdem der Krampf abgeklungen ist, versucht sie es

erneut. Sie krallt die Finger um das Metallgitter. Je stärker sie zufasst, umso tiefer bohrt sich das rostige Gitter in die Haut zwischen den Fingern.

Sie blickt auf grüne Baumkronen hinab. Zwischen knorrigen Pinien schimmert Sand. Weit hinten blitzt blaues Glas im Sonnenlicht. Das könnte die Fassade des neu gebauten Finanzministeriums bei Ben Aknoun sein. Dann wäre sie in einem Außenbezirk von Algier.

Bevor die Schmerzen an den Händen unerträglich werden, entdeckt sie eine algerische Fahne. Dann lässt sie sich wieder auf das Bett zurückfallen. Hat Samia sie hergebracht? Nach Algier? Ist sie die Nacht durchgefahren, trotz ihrer Angst? Ben Aknoun, denkt sie, die Metalltafel mit der staatstragenden Inschrift, ist sie im Militärkrankenhaus in Algier?

Bis ins Zentrum sind es von hier aus keine vier Kilometer.

Aber warum die verschlossene Tür? Wer hatte sie in dieses Zimmer gesperrt und wo war Samia? In Berlin hatte es ständig Berichte auf algeria-watch über Gefängnisse der sécurité militaire gegeben. Die Armee, hieß es, stecke hinter den Massakern und unterhalte geheime Kasernen im ganzen Land.

Wahiba zieht am Infusionsschlauch und tastet den leeren Plastikbeutel ab. Er ist unbeschriftet. In den Ecken sind vertrocknete Spuren einer bläulichen Flüssigkeit zu sehen. Sie krümmt sich zusammen und wartet, bis die Krämpfe schwächer werden, dann kriecht sie durch den Raum. Im ersten Schrank findet sie ihre Sachen. Geldbeutel, Kamera, Laptop, alles andere ist verschwunden.

Hinter den anderen Türen entdeckt sie Broschüren über

Medizintechnik und Pappkartons. In gestanzten Löchern stecken bedruckte Reagenzgläser, Kaliumsulfat. Unter den Gläsern liegt ein Stück Papier. Sie entziffert ihren Namen. Benhamid-Weyers, geboren im April '81 in Algier.

Die Nummer ihres algerischen Passes ist darunter notiert. Der Zettel trägt eine unleserliche Unterschrift und ein Siegel.

Sie kauert sich in die Ecke und beginnt zu weinen. Immer wieder gibt es Anklagen und Haftstrafen gegen Journalisten. Wenn die Bilder in die falschen Hände geraten sind, dann wird sie für Jahre hier festsitzen.

Apathisch sieht sie einer Kakerlake dabei zu, wie sie hinter den Heizungsrohren verschwindet. Mit beiden Händen massiert sie ihre Waden, bis Gefühl in die Beine zurückkehrt, dann zieht sich an einem der Schränke nach oben. Sie hämmert mit der geballten Faust gegen die Wand. Ihre Schläge verursachen nur ein klatschendes Geräusch.

Eine Stunde oder ein ganzer Tag, eine Woche kann seit eben vergangen sein. Sie stellt sich hinter die Tür und ruft um Hilfe. Abwechselnd versucht sie es auf Französisch und Arabisch, ganz zum Schluss sogar auf Deutsch.

Zum ersten Mal vernimmt sie Schritte und Stimmen. Männer unterhalten sich. Sie wankt zurück zum Bett und stützt sich rückwärts gegen das Gestell. Ihr Magen rebelliert, die Übelkeit mahlt wie ein kantiger Stein in ihr. Die Schranktüren stehen offen. Broschüren, ihre Kleidung und die Röhrchen mit dem Kaliumsulfat liegen davor verteilt. Sie greift nach dem Kissen und hält es sich wie ein Schild vor die Brust.

Die Tür wird geöffnet. Ein Mann in einem grünen Kittel

tritt ein. In einer Hand hält er ein Klemmbrett, in der zweiten einen kleinen Gegenstand. Ihr stockt der Atem. Sie will ihn anschreien oder wegrennen. Hinter ihm taucht ihr Onkel in der Tür auf. Er lächelt.

Fayçal LÄSST EINEN STIFT zwischen den Fingern kreisen und sieht einem jungen Mädchen dabei zu, wie sie Tickermeldungen verteilt. Männer in verschwitzten Hemden greifen nach den Ausdrucken. Seine Stellvertreterin, eine Frau mit Kastenbrille und kurzen Haaren sitzt neben ihm. Am anderen Ende des Tisches hat sich eine Frau mit Kopftuch in einen Stoß Unterlagen vergraben. Über ihnen dreht sich quietschend ein Ventilator, an der Wand hängen ein vergilbtes Portrait des Staatspräsidenten und die gestreifte Fahne der Kabylei.

»Was haben wir für den politischen Teil?«, fragt er in die Runde. Sein Blick bleibt an einem der Männer hängen »Hamas-Fatah, bitte O-Ton des palästinensischen Botschafters einholen. Telefon reicht völlig. Den Rest übernehmen wir von den Agenturen.« Das junge Mädchen notiert den Satz auf einen Block. Ihr Stift kratzt über das trockene Papier. Der angesprochene Redakteur nickt und faltet seine Unterlagen zusammen.

»Dann weiter: Iran. Es gibt eine gute Passage auf Le Monde. Das könnten wir übernehmen. Irgendjemand Einwände?«

Die Frau mit Kopftuch blickt auf. Als sie bemerkt, dass die Kurzhaarige die Augenbrauen in die Höhe zieht, sinkt ihre Hand zurück.

»Die geplante Reise nach Tamenrasset? Bitte was Biografisches über den Präsidenten ergänzen. Wir brauchen Hintergrund.«

Er schaut in die Unterlagen, als Wahiba den Raum betritt. Sie wirkt blass und hat tiefe Ringe unter den Augen. Die Haare sind zusammengebunden. In der Hand hält sie ein paar Seiten eng bedrucktes Papier. Nach nur einer weiteren Nacht im Armeekrankenhaus hat sie sich selbst entlassen.

»Du hast es also doch geschafft. Schön. Setz dich. Wir sind gerade mit dem politischen Teil fertig«, sagt Fayçal.

»Hast du meinen Artikel gelesen? Ich konnte ihn eben erst schicken.«

»Leider zu spät für morgen.« Er sieht ungerührt dabei zu, wie sie mit dem zusammengerollten Artikel auf die Tischplatte schlägt. »Weißt du überhaupt, was mich die Recherche gekostet hat?«

»Das im Gebirge war doch nichts. Wenn überhaupt, dann machen wir daraus eine kleine Hintergrundgeschichte.«

»Mein Bruder ist bei der Armee. Am Djebel Zaccra wird seit Tagen hart gekämpft«, wirft die Frau mit dem Kopftuch ein. Ihre Stimme zittert.

Fayçal wischt den Artikel vom Tisch, steht auf und geht. Auch die Männer schieben hastig ihre Stühle beiseite und verlassen den Raum. Wahiba sammelt die Blätter ein, als die Kurzhaarige neben ihr stehenbleibt. »Du musst noch viel lernen. Ich bin mir nicht sicher, ob du hier richtig bist.«

Wahiba geht den Flur entlang. Breite Schlagzeilen an den Wänden erinnern an die Einführung der freien Presse im Jahr `88 und an das Referendum über die Nationale Versöhnung. Die Luft ist nikotingeschwängert. Sie steigt mühsam die enge Treppe hinauf und klopft an Fayçals Tür. Keine Reaktion. Fayçals Assistentin tritt lachend aus dem Büro. Die Haare zerwühlt, in den Händen hält sie Briefe und Mappen. Ihr Chef sitzt mit dem Rücken zur Tür, als Wahiba sich an dem Mädchen vorbei ins Büro drängt. Er blickt auf das Faxgerät. Trotz zwei Metern Abstand erkennt sie den Briefkopf der Armee. Auf dem Schreibtisch liegt ein Ausdruck ihres Artikels. Einzelne Absätze sind durchgestrichen.

»Deine neue Assistentin?«, fragt sie.

»So geht das nicht.«

»Ich habe für alles einen Beleg.« Sie holt ihre Digitalkamera hervor und klickt hastig durch die Aufnahmen. »Hubschrauber, die Verbrannten und hier sind sogar die verdammten Metallteile, die da überall rumlagen.«

»Löschen.«

»Weißt du, dass ich deswegen zwei Nächte im Krankenhaus war? Keine Ahnung, was die in mich reinspritzen mussten. Sieh dir die Aufschriften auf dem Metall wenigstens mal an!«

»Wenn du krank bist, dann bleib zu Hause.«

»Erklär mir, warum du das nicht drucken willst!«

Die Assistentin mit dem Kopftuch taucht mit einem Stoß Briefe in der Tür auf. Fayçal winkt ab. Wahiba zieht die Tür hinter ihr zu.

»Soll das Ganze vertuscht werden?«

»Du kapierst es wirklich nicht! Verdammt, blick mal aus dem Fenster!«

Fayçals Zeigefinger ist auf die Hafenpromenade gerichtet. Im blassen Sonnenlicht schaukeln Fischerboote auf dem Wasser. Zwischen ihnen bewegt sich eine Autofähre auf die Mole zu. Um einen Kiosk drängen sich Frauen und Kinder. Aus einem Kleinbus wird Eis verkauft. Unter zurechtgestutzten Bäumen stehen Straßenverkäufer mit glitzernden Auslagen.

»Wir haben zehn Jahre Krieg hinter uns! Du willst die Wahrheit? Die Wahrheit ist, dass wir so eine Geschichte nicht mehr lesen wollen, in der du unsere Soldaten unter einen Generalverdacht stellst. Niemand da draußen will das. Ich nicht und unserer Herausgeber erst recht nicht.«

Er greift nach ihrem Entwurf und zeigt auf eine gestrichene Stelle.

»Chaos und ermordete Kinder im Wald. Die Armee hat ohne genaue Zielerkundung den Wald in Brand geschossen. Vielleicht wurden Chemiewaffen eingesetzt. Chemiewaffen?! Wir sind doch nicht im Irak! Und so geht es immer weiter. Tote Zivilisten, klar, das kann nur das Militär gewesen sein. Wer denn sonst? Ich werde das nicht drucken!«

Wahiba hält ihm die Digitalkamera hin. Auf dem Display ist der Metallkanister zu sehen.

»Weißer Phosphor! Derselbe Dreck wird über Gaza abgeworfen. Wir machen jedes Mal eine Riesenschlagzeile, wenn das passiert«, sagt sie.

»Wenn du nicht verstehst, warum ich das nicht drucke, dann bist du hier falsch.«

»Hatten wir nicht einen Deal? Authentisch und von der Front? Du hast doch extra angerufen.«

Ihr Chef nimmt den Hörer vom Telefon und schaltet sein Handy aus, bevor er sich auf eine Kante des Schreibtischs setzt.

»Vielleicht stellst du nur ein paar Dinge um. Trois terroristes abattus. Das reicht als Einstieg. In der Mitte machst du was über den gut koordinierten Einsatz der Armee. Dazu die Bilder mit dem Hubschrauber und den Panzern. Die sind ja alle nicht schlecht. Dann eine Passage über die Skrupellosigkeit der Tangos, zusammen mit den Aufnahmen der Verletzten und der brennenden Bäume. Wir wissen beide, dass der Wald von den Islamisten angezündet wurde. Du schreibst selbst, dass eine Gruppe in Turnschuhen und Palästinensertüchern aus dem Wald kam und es kurz darauf brannte.«

»Und die Leichen? Der Phosphor? Die Tangos haben rumgepantscht und den Mist aus Versehen verschüttet?!« Wahiba beißt sich auf die Lippe. Wieder sucht sie ein Bild und hält den Fotoapparat nach oben.

»Vergiss die Chemie! Das kann kein Mensch nachweisen. Du warst wahrscheinlich nur zu lang im Feuer. Was meinst du, was wir hier in den 90ern alles miterlebt haben? Allein die Geschichte mit dem Überfall auf die Redaktion?«

»Frauen und Kinder. Was soll ich daraus machen? Eine Hinrichtung durch Islamisten, die nicht erkennen, dass wir ihnen die Hand zum Frieden ausstrecken?«

Fayçal zuckt mit den Schultern und rückt eine Aufnahme gerade, die ihn mit Präsident Chadli vor dem Audimax der Universität Algier zeigt. Damals war er um einige Kilos leichter und hatte die Fahne der Kabylei um seine Schultern gelegt, während der Präsident unsicher in die Menge demonstrierender Berber hinter Fayçal blickt.

»Trois terroristes abattus. Woher willst du wissen, dass nicht genau drei Terroristen erschossen wurden? Es hat überall gebrannt! Weißt du, wessen Schädel dort oben in der

Asche liegen? Hast du echte Beweise oder bloß ein Bild von einem Haufen Blech im Wald?«

»Jeder, der zufällig mittendrin war, ist jetzt tot. Ich hätte dazugehören können.«

Fayçal legt seine Hände schwer auf ihre Schultern.

»Ich fliege nächste Woche mit dem Präsidenten nach Tamenrasset. Zum ersten Mal überhaupt wird unsere Zeitung im offiziellen Tross mitgenommen. Wenn dir die Regeln nicht passen, dann geh zur Kultur! Übernimm meinetwegen die ganze Abteilung! Die ausländischen Botschaften werden dich lieben.«

Fayçal hebt die Arme hoch, als wolle er kapitulieren, und lässt sich in den Sessel fallen, um sich den Mund mit einer Handvoll Kaubonbons vollzustopfen.

»In einer halben Stunde esse ich mit dem Herausgeber. Bist du noch dabei, oder soll ich ihm mitteilen, dass ich dich an die Luft gesetzt habe?«

Wahiba starrt auf die Tischplatte.

»Wenn du den Artikel im Kopf hast, dann schreib ihn selber. Ich setze meinen Namen nicht darunter.«

»Damit kann ich leben ...«

»Aber Abdelkader Mekhrid bleibt meine Story. Sonst bin ich es, die kündigt«, sagt sie und wirft die Tür hinter sich zu.

UNSICHER BLICKT WAHIBA auf das handgeschriebene Rezept. Die Fragen der Ärztin hat sie nur teilweise beantwortet. Die Frau hat ihr Blut abgenommen, sie mit einem altertümlichen Stethoskop abgehört und ihr ein kortisonhaltiges Präparat verschrieben. Sie würde ihren Onkel bitten müssen, es aus den Beständen der Armee zu besorgen.

Hastig greift sie nach der Sporttasche und geht die Treppe hinab zur Placette de Hydra. Die anderen Patienten starren ihr misstrauisch hinterher. Tarik würde wie jeden Dienstag im Park warten, sie würde sich etwas einfallen lassen müssen. Das hier ging ihn nichts an.

Draußen flirrt die Luft vor Hitze. Sie betritt das Gelände und geht an knorrigen Pinien vorbei. Die Straßenschuhe wirbeln Staub auf, das Gras ist braun und kurz. Nach ein paar Metern setzt sie sich auf eine rostige Kinderschaukel und wartet. Ein Mann in einem hellblauen Trainingsanzug kommt auf sie zu. Muskulös und groß gewachsen, die Haare nach hinten gegelt und an den Seiten gestutzt. Er grinst sie breit an und blickt zu einer Gruppe bärtiger Männer, die Tee aus einer Aluminiumkanne trinken und auf Wahiba starren.

»Komm schon! Du willst dich doch nicht etwa hier umziehen?«, sagt er spöttisch.

»Ich bin in den letzten Tagen mehr gerannt, als in den letzten drei Jahren zusammen.«

Sie rafft die Haare zusammen und steht auf. Tarik läuft leichtfüßig um sie herum und folgt ihr.

Als sie den Park wieder verlassen haben, lässt sie sich am Straßenrand auf eine Bank fallen. Ihr gegenüber stehen große Häuser mit schwungvoll gerundeten Balkonen und Sonnensegeln, die über Terrassen gespannt sind. Fahrer stehen um dunkle Limousinen, auf den Dächern der Autos haben sie kleine Becher abgestellt. Der Asphalt vibriert, als ein Tanklastzug die Straße hinunterrollt.

»Was ist passiert, chérie? Warst du letzte Woche mit dem Präsidenten in Oran?« Wie zufällig fasst er sie an die Schulter.

»Ich war draußen im Gebirge.«

Tarik greift nach ihrer bandagierten Hand und streicht über den Verband. Seine Bewegungen sind immer unsicher, sobald er sie berührt.

»Da war doch heute Morgen was in der Zeitung über eine Schießerei, im Gebirge, oder?«

»Hat das was damit zu tun?«, fragt er.

»Ehemalige Kämpfer einer Groupe de Légitime Défense werden als Terroristen gesucht, und keinen interessiert es.« Sie setzt die Sonnenbrille auf.

»Versuch mir nicht zu erzählen, dass du zum Laufen kommen wolltest.« Tarik lässt sie los, die Unsicherheit ist aus seiner Stimme verschwunden.

Er geht weiter. Sie zögert einen Moment, dann folgt sie ihm. Schweigend gehen sie die Straße hinunter. Strahlend weiß getünchte Wohnhäuser und elegante Boutiquen stehen um einen Kreisverkehr. Italienische Hemden und Seidenkrawatten hängen in den Schaufenstern. Französischer Rap ist zu hören, als ein Cabrio an ihnen vorbeigleitet. Auf dem Bürgersteig stehen Laternen, die dunkelgrün lackierten Stangen glänzen in der Sonne. Männer in Malerkitteln und tief verschleierte Frauen warten an einer Bushaltestelle. Zwei blondierte Frauen mit großen Sonnenbrillen staksen an ihnen vorbei und verschwinden in einem der Geschäfte.

Tarik bleibt vor einem offenen Ladenlokal stehen und kauft eine Flasche Boualem Hamoud. Als Wahiba sieht, dass er zwei Strohhalme nimmt, fasst sie vorsichtig nach seinem Arm.

»Was soll der Mist?«, fragt er. »Das ist doch schon wieder eine Verschwörungstheorie.«

»Es geht um einen Ehemaligen. Er lag draußen bei Ain Taya im Sand. Und niemand will etwas darüber wissen.«

»Warum interessiert dich das? Mach drei Zeilen. Leiche am Strand. Keiner weiß, warum. Solche Sachen passieren.«

Während er die Flasche langsam sinken lässt, funkelt er sie spöttisch an. Wahiba kennt den Blick. Sie knickt den zweiten Strohhalm ab und schiebt ihn zwischen die Lippen.

»Wahrscheinlich hängt meine Familie mit drin. Wie tief, ist mir selbst noch nicht klar.«, sagt sie.

Sie pustet sich die Locken aus dem Gesicht, wartet, bis eine verspiegelte Limousine in einer Einfahrt verschwindet und sucht in der Sporttasche nach einem eng zusammengefalteten Papier.

»Acht Namen, der erste ist der Tote. Schau im System nach, was ihr über sie habt. Ich brauche deine Hilfe.«

Unentschlossen dreht er das Blatt zwischen den Fingern.

»Es ist nur ein Standard-Check. Ein Versuch, bitte.«

»Wer weiß noch davon?«

»Nur du und ich.«

Tarik blickt ihr in die Augen und greift zwischen einem Metallgitter hindurch nach einer Jasminranke. Er reisst eine einzelne Blüte ab und steckt sie ihr ins Haar.

»Dein Toter hat also die Seiten gewechselt? Ist es das?«

Sie windet ihm die Limonade aus der Hand und zieht ihn hinüber zu einer Sitzbank.

»Ich weiss zu wenig über ihn. Er war bis zum Schluss beim Militär. Die Islamisten hätten Grund genug, ihn zu ermorden. Dennoch bezeichnen die eigenen Leute ihn jetzt als Terroristen. Das passt nicht zusammen.«

Tarik streicht die Trainingsjacke glatt und tippt eine SMS. Als sein Handy piept, wirft er einen Blick auf das Display und lässt es in der Jacke verschwinden.

»Et alors?« Wahiba legt die Blüten auf die Bank.

»In fünf Monaten ist der Mist hier für mich zu Ende. Dann geht es ab nach Paris.«

Er wartet nicht auf eine Reaktion, sondern überquert den Platz. Der Weg führt an einer französischen Bäckerei vorbei bis zu einer Stahlbrücke, die einen mit Kakteen zugewachsenen Abgrund überspannt. Autos schieben sich in mehreren Spuren über die Fahrbahn. Am Rande der Brücke führt eine Felstreppe nach oben. Er dreht sich zu ihr um.

»In der Kaserne ist heute nichts los. Du kannst genau einen Blick in meinen Rechner werfen. Wenn wir auf Anhieb nichts finden, dann war es das! Und es wird nichts ausgedruckt!«

Der sanfte Aufstieg endet vor einem blauen Stahltor mit dem Wappen des algerischen Militärs. *Thakana Antar* steht in rostigen Lettern über dem Eingang, daneben ist ein Unterstand in den Berg gebaut. Stacheldraht ist in mehreren Bahnen vor einer Mauer aus gelbem Sandstein ausgelegt.

Sie greift nach seiner Hand. Die Wachen mustern sie. Fast könnte sie eines der Mädchen sein, die gelegentlich am Wochenende in der Kaserne verschwinden.

Tarik murmelt eine Begrüßung und zeigt seinen Dienstausweis.

Eine wuchtige Explosion zerreißt die Stille.

Sofort sind Schüsse und Schreie zu hören.

Tarik zieht sie mit sich, an den Soldaten vorbei. Kleine Steine prasseln zu Boden. Eine Sirene dröhnt in den Ohren. Soldaten stürmen eine Felstreppe hinab.

Auf der anderen Seite der Stahlbrücke steht ein Tuareg mitten zwischen ineinander verkeilten Wagen, die hupen und blinken.

Ein Maschinengewehr knattert los. Ein Soldat schießt aus einem Unterstand. Der Tuareg schwingt sich hinter einen Mann in Ledermontur auf ein Motorrad und rast an den Autos vorbei Richtung Innenstadt.

Eine Wolke aus rotem Staub raubt Wahiba die Sicht. Tarik drückt sie durch eine Stahltür in einen abgedunkelten Flur, führt sie an mehreren Türen vorbei und eilt ein paar Stufen hinunter.

»Du bleibst hier, egal was passiert, ich bin gleich wieder da.«

ZUR MITTAGSZEIT DRÄNGELN sich Arbeiter und verschleierte Frauen um die Grillstände. Merguez und bräunliche Rindslebern stapeln sich in den Auslagen, Rauch steigt auf, wenn das Fett in die Glut spritzt. Eine Motorradeskorte räumt den Weg für eine Panzerlimousine frei. Lieferwagen und Mopeds warten in den Seitengassen. Junge Mädchen in Jeans und T-Shirt versuchen, an den Soldaten vorbei einen Blick auf die Rückbank zu werfen.

Radouane, ein älterer Kabyle mit Halbglatze und einem Einstecktuch, beugt sich nach vorne, um mit dem Chauffeur zu sprechen. Schon sein Vater hat gleichzeitig den Franzosen und den Kämpfern des FLN Fleisch und Oliven verkauft, jetzt ist es Zeit für mehr. Der blonde Mann neben ihm auf der Rückbank trägt einen Nadelstreifenanzug und eine randlose Brille. Er wirkt deutlich jünger, als er ist.

»Wir kommen pünktlich an, Monsieur Rohrbach. Der General hat uns ins El-Mitak eingeladen. Der passende Ort für unseren Vertrag«, sagt er auf Französisch. Die noch aus der Kolonialzeit stammenden Geschäftskontakte seiner Familie hat Radouane trotz Unabhängigkeit und Bürgerkrieg unermüdlich ausgebaut. Er klopft mit einem Siegelring gegen das dicke Glas und gibt dem Fahrer ein Zeichen, sich zu beeilen.

»Der General weiß, dass ich heute nichts unterschreiben

werde?«, fragt Rohrbach. Er ist mit dem Nachtflug aus Riad angekommen, die Verhandlungen über Konzessionsrechte in Saudi-Arabien sind schlecht verlaufen. Seine Firma hat zu viel Hoffnung in das saudische Militär gesetzt. Ganz im Gegensatz zu Herrnstadt, den in Deutschland nur auf einen Beweis des Scheiterns wartet, um den Aufsichtsrat von der ganzen Idee des Auslandsgeschäfts abzubringen.

»Sadiqi…« Radouane lacht, ein vergoldeter Eckzahn ist zu sehen. »Genießen Sie die Gastfreundschaft. Der Rest kommt von alleine – inschallah.«

Der Wagen schießt auf eine Stahlschranke zu, die sich Sekunden vor der Durchfahrt öffnet. Ein Soldat in roten Hosen und weißer Uniformjacke salutiert und hebt einen Säbel. Nach einer Fahrt durch eine Parkanlage hält der Wagen vor einem Betongebäude.

Radouane scheucht die herbeieilende Wache zur Seite und führt den Gast an einem Metalldetektor vorbei. Der Fußboden ist mit Teppichen ausgelegt. Vor einem hüfthohen Geländer bleiben sie stehen. Gläserne Fahrstühle fahren in die Höhe. Unter ihnen plätschert das Wasser einer künstlichen Kaskade. Radouane tauscht Wangenküsse mit den Uniformierten aus und stellt Rohrbach als Monsieur le Directeur Général vor, bevor er ihn zu einer Flügeltür zieht.

»Der Staatspräsident will unser Projekt zum Tag der Unabhängigkeit ankündigen. Heute in einem Monat. Es ist ein Schritt weg vom Erdöl. L´Algérie après-petrol«, flüstert er verschwörerisch, als sie den Konferenzsaal betreten.

Die Außenwand ist vollständig verglast und öffnet den Blick auf die Stadt. Unten am Meer glänzen Büroneubauten zwischen Bergen von Frachtcontainern. An einer Seitenwand öffnet sich eine unauffällige Tür. Ein kräftiger Mann in einem dunklen Anzug betritt den Raum. Hinter ihm bedeckt eine großflächige Weltkarte den Rest der Wand. Algerien ist golden eingefärbt. »Bienvenu chez nous, mein Freund. Endlich sehen wir uns persönlich.«

»Général!« Rohrbach stellt einen Aktenkoffer neben den Tisch ab und umschließt seine Hand. »Die Freude ist ganz auf meiner Seite«.

Als Radouane mit einem Kellner spricht, werden die Türen geschlossen und bis auf das sonore Brummen der Klimaanlage verstummen alle Geräusche.

»Ich bin kein Freund langer Worte, Monsieur Rohrbach«, wendet der General sich an ihn. »Sie mögen das aus dem Maschrek anders kennen, aber hier kommen wir schnell zum Punkt. Was hält Sie davon ab, heute zu unterschreiben? Wir haben alles hier. Den Vertrag und eine Landkarte. Wenn Sie mögen, kann ich das Staatsfernsehen reinbitten. Wir könnten uns die Unterzeichnung gemeinsam später in den Nachrichten ansehen.« Der General hält weiter seine Hand fest umfasst. Er hat in seiner Kindheit in der Mitidja gelernt, dass er die Dinge selbst anpacken muss. Den Überfall auf die Plantage seines ehemaligen Kolonialherrn hat er persönlich angeführt.

»Général, ich weiß das zu schätzen. Nur der Verteilungsschlüssel, den sie vorschlagen, fünfundsiebzig zu fünfundzwanzig Prozent, ist ungewöhnlich für ein solches Projekt«, sagt Rohrbach. Er braucht einen Erfolg nach den gescheiterten Verhandlungen in Saudi-Arabien. Er will sich nicht wieder einwickeln lassen. Noch versammelt er die Mehrheit der Stimmberechtigten hinter sich.

Der General führt ihn zu einem massiven Eichentisch. Zwischen Siegelkissen und Füllhaltern liegt eine topografische Karte. Der Bereich östlich von Ain Taya ist rot umkreist. Gestrichelte Linien führen in den Süden des Landes. »Unser Land und unsere Ressourcen, Monsieur Rohrbach. Wenn ich mir anschaue, was wir beisteuern, dann erscheint mir das mehr als gerecht. Sehen Sie das anders? Und Sie, Monsieur Rohrbach, ergänzen das savoir-faire, die Technik, die Expertise. Wir sind uns im Grunde handelseinig.«

Rohrbach schaut auf die Karte. Der künftige Tiefwasserhafen ist eingezeichnet, auch die Verladeterminals für das verflüssigte Erdgas sind bereits vorgesehen. Wenn die Schwarzbach AG wie vorgesehen die Software und die Maschinen für die in Algerien hergestellten MANPADS liefert, wäre er nicht nur an deren Verkauf, sondern auch an dem Erdgas beteiligt.

Ein Telefon klingelt. Der General bittet um Entschuldigung und nimmt das Gespräch entgegen. Er hört kurz zu. Seine Stimme klingt gereizt, als er antwortet. Schließlich zündet er sich eine Zigarette an und wechselt einige Worte mit Radouane auf Arabisch.

Rohrbach steht an der Glasfront.

Über dem Berghang, der die Altstadt von den neueren Stadtteilen trennt, ballt sich eine dunkle Rauchwolke zusammen. Die Straße nach Hydra ist bereits mit Polizeifahrzeugen und Ambulanzen verstopft.

»Ihr Land hat nicht nur Freunde, Général«, sagt er. »Vielleicht sollten wir ein paar der Zusagen vorsichtiger formulieren.«

»Es hat schon andere Europäer gegeben, die glaubten,

sich hier besser auszukennen, als wir selbst«, antwortet der General und zieht eine Augenbraue in die Höhe.

»Was ist mit den Islamisten, Général? Ihr Land und Ihr Problem?«

»Wenn Ihnen das Geschäft nicht liegt, dann überlassen Sie es den Chinesen. Die können mit dem Risiko umgehen. Ihr Europäer habt das offenbar verlernt, oder?«

Rohrbach kehrt zum Tisch zurück und folgt mit einem Finger der eingezeichneten Außengrenze auf der Karte. »Das Risiko kann ich einrechnen. Wenn Ihre Leute die Anschläge nicht verhindern können, dann wird es allerdings teurer. Ich brauche dann Geld für Mauern, Wachdienste, Lösegelder und Zahlungen an die Hinterbliebenen. Aber was passiert mit unserer Absprache in ein paar Jahren? Wird sich ein islamistischer Präsident an den Vertrag halten oder alles ablehnen, was ihm die Ungläubigen aufgezwungen haben? Ich bin sicher, dass Ihre chinesischen Freunde genau das auch wissen wollen.«

»Die Zeit der Islamisten ist vorbei, Monsieur Rohrbach. Kein Dialog, keine Versöhnung, keine Waffenruhe. Die ganze Sprache des Bürgerkriegs gibt es nicht mehr. Die Dinge haben sich geändert. Der Rückzug ins Zivile hat auch für alle seine charmanten Seiten. Man muss aber ganz genau wissen, mit wem man spricht und mit wem nicht. Wissen Sie das auch alles so genau?« Sein Blick ruht auf Rohrbach.

»Wissen Sie es?«, fragt Rohrbach unbeeindruckt. Sie haben die Islamisten bekämpft und nicht mit ihnen gesprochen.«

Der General lächelt. In den letzten Jahren hat er oft genug mit der französischen Armee verhandelt. Jetzt halt mit den Deutschen. »Mein Freund, es kommt nur auf Chikri an. Und der ist berechenbar. Ein Islamist alter Schule, immer die gleiche Rhetorik, Allahu akbar – der Islam ist die Lösung.« Er stößt die Flügeltür auf und führt seinen Gast an den Aufzügen vorbei nach draußen. Soldaten warten im Schatten einer Palme. Radouane eilt an ihnen vorbei, um die Wagentür zu öffnen. Weit entfernt sind Alarmanlagen zu hören.

»Wenn es wirklich das ist, was Sie wollen, dann bringen wir den Hurensohn sogar zur Unterzeichnung mit«, sagt der General und drückt Rohrbach die Hand. »Allah vergibt, wem Er will, und bestraft, wen Er will.«

»Sure 48«, sagt Rohrbach und steigt in den Wagen. Es würden sicher noch weitere Treffen notwendig sein.

DIE LUFT STEHT IN DEM abgedunkelten Büro, es riecht nach Staub und Papier. Eine Uhr tickt, über ihr surren Neonröhren. Wahiba lauscht an der Tür. Im Flur geht jemand auf und ab. Sie kauert sich in eine Ecke und wartet. Als die Schritte nicht mehr zu hören sind, steht sie wieder auf. Vorsichtig schiebt sie die Jalousie zur Seite. Draußen versperrt roter Staub die Sicht. Auf dem Schreibtisch liegen Bestellungen für Treibstoff und Abrechnungen. Aus einem Regal zieht sie alphabetisch sortierte Ordner. Unter dem Buchstaben M sind Lieferscheine über Schweröl und Lebensmittel abgeheftet, sie nimmt eines der Blätter heraus und steckt es ein.

Ein Wanddurchbruch führt in ein Aktenlager. Auf einem Pult neben dem Durchgang steht ein Telefon mit Wählscheibe. Auch hier streicht sie über die Rücken der Ordner und zieht wahllos einige von ihnen heraus. Manche leer, andere bis zum Bersten mit vergilbten Unterlagen gefüllt. An einer Wand hängt eine Kladde, auf der obersten Seite ist das heutige Datum notiert. Die Seiten sind chronologisch geordnet und voll mit Abkürzungen und gekritzelten Unterschriften. Sie sucht den Zeitpunkt der Ermordung und überfliegt die Kombinationen aus Ziffern und Buchstaben bei den Tagen davor, ohne sie zu verstehen. Am Ende eines Blatts befinden sich gleichlautende Kürzel, für fünf entliehene Ordner fehlt die Paraphe des Empfängers, die Seite des Folgetages fehlt. Sie blättert hastig vor und zurück und schießt ein Foto mit dem Handy. Ganz hinten ist eine Landkarte befestigt. Ortschaften und Passstraßen sind rot markiert, die Gegend um Hammam Righa ist umkreist.

Wahiba will die Bürotür einen Spalt weit öffnen, um nachzusehen, wo Tarik bleibt. Warum hatte sie ihm bloß verschwiegen, dass sie mit ihrem Onkel und mit Hamoud über den Fall Mekhrid gesprochen hatte? Ihr Onkel hatte sofort abgewunken und nichts mehr davon wissen wollen. Mit dem Aufenthalt im Krankenhaus habe sie bereits genug Aufsehen verursacht. Ihre Hände rutschen vom Griff. Die Tür ist abgeschlossen. Sie rüttelt an dem Knauf. Das Schloss bewegt sich keinen Millimeter. Reflexartig greift sie in ihre Sporttasche, in der sich das Rezept der Ärztin und die Diagnose über Atemprobleme befinden.

Draußen klopft jemand an die Tür. Als sie sieht, wie die Klinke heruntergedrückt wird, duckt sie sich hinter den Tisch. Ihr wird übel, es brennt in der Speiseröhre. Tarik hätte sie nie in die Kaserne bringen dürfen. Warum hatte er sie in diesem Büro versteckt? Die Klinke wird losgelassen, Schritte entfernen sich. Sie blickt auf ihr Handy. Das Netz ist überlastet.

Nach einem kurzen Hustenanfall durchwühlt sie die Schubladen, findet aber nur einen porös gewordenen Stempel und lose Zigaretten. Als sie weitersuchen will, wird die Tür aufgestoßen. Tarik greift nach ihrem Handgelenk und zerrt sie den Flur hinaus. Sie rutscht beinahe in einer Blutspur aus und will schreien, doch Tarik drückt ihr den Zeigefinger auf den Mund. An der Wand sieht sie Handabdrücke inmitten rostbrauner Flecken. Davor liegen Soldaten auf dem Boden. Sitzbänke und Tische sind zur Seite gestoßen. Männer mit Sanitätsarmbinden pressen Tücher und Hände auf offene Wunden. Zwischen den Verletzten sieht sie Helme und Waffen, die Männer wimmern und reden wild durcheinander.

»Wohin bringst du mich?«, keucht sie, als Tarik endlich stehenbleibt.

»Wir haben keine Zeit«, stößt er hervor und drückt eine Eisentür mit der Schulter auf. Sie sieht Kettenfahrzeuge neben Dieselfässern parken und wird von Metallteilen geblendet, die die Sonne spiegeln. Er presst die Hände an ihre Wangen. »Wir müssen dich jetzt hier raus bringen.«

Sie rennen über den Platz. Am anderen Ende klopft er gegen eine verspiegelte Scheibe und hält den Armeeausweis an das Glas.

»Die Frau?«, fragt die Gegensprechanlage. Tarik murmelt ein paar Worte über eine Freundin.

»Wer ist die Frau?!«, bellt die Stimme erneut.

Tarik bleibt ruhig, steckt den Armeeausweis ein und zieht eine Kette unter dem Hemd hervor, an der eine Metallmarke hängt.

Die Gegensprechanlage wird mit einem Knistern abgeschaltet und die Tür entriegelt. Tarik drängt sich durch den Spalt und lässt Wahiba im Hof zurück. In der verspiegelten Scheibe erkennt sie, dass die Fahrzeuge hinter ihr genauso aussehen wie jene, die sie im Gebirge fotografiert hat. Eines der Fahrzeuge ist mit olivgrünen Kisten beladen, Buchstaben- und Zahlenkombinationen sind auf das Metall gedruckt. Bei einem Jeep fehlt die Fahrertür.

Bevor sie eine Aufnahme mit dem Telefon machen kann, reißt Tarik die Tür auf und zieht Wahiba hindurch. Der Wachposten ist unbesetzt. Tarik führt sie durch eine Schleuse und öffnet eine zweite Tür. Autos hupen. Sprinkler verspritzen einen feinen Wassernebel. Hinter einem unbesetzten Wachhaus erreichen sie die Hauptstraße. Überall blinken Polizeilichter, die Brücke ist mit Autos verstopft. Nichts bewegt sich. Hysterische Männer und Frauen stehen neben den Fahrzeugen. Kinder kreischen auf den Rücksitzen, Dreck, herausgesprengtes Mauerwerk und Grasbüschel liegen auf dem Bürgersteig. In der Außenwand der Kaserne ist eine massive Bresche zu sehen.

»Was ist hier passiert?«, ruft Wahiba.

»Du musst jetzt verschwinden!«

»Du weißt doch mehr! Was sind das für Jeeps? Hat die Armee im Gebirge Phosphor eingesetzt?«

Tarik blickt sie unbewegt an. »Was ich weiß, ist, dass vor der Kaserne ein Tanklaster angezündet wurde. Jemand wollte General Boudjala in die Luft jagen! Die drehen durch, wenn bekannt wird, dass ich hier eine Journalistin reingeschleust habe.«

AUTOS UND MENSCHEN BLOCKIEREN die Brücke zwischen Hydra und Ben Aknoun. Krankenwagen mit dröhnenden Sirenen stehen eingekeilt zwischen Bussen und schwer beladenen Zugmaschinen. Kinder in Schuluniformen eilen an ihr vorbei und verschwinden in den Aufgängen der Häuser. Vor einem Café an der Straße in Richtung der amerikanischen Botschaft drängen sich junge Männer in Fußballtrikots um einen Fernseher. Einige fluchen ungläubig, der Bildschirm zeigt in einer Endlosschleife nur Aufnahmen der großen Moschee am Hafen und betende Menschen.

Wahiba dreht sich um. Die Rauchwolke steht immer noch über den Berghängen, zwischen den Autos und den Bäumen glaubt sie plötzlich, ein Gesicht zu erkennen. Die hageren Gesichtszüge und den Kinnbart hat sie schon zweimal gesehen. Sie erschrickt und bleibt stehen, dann ist der Mann wieder in der Masse der Passanten verschwunden. Sie setzt die Sonnenbrille auf und läuft den Fußweg zum großen Kreisverkehr hinab. Auch hier bewegt sich nichts, die Menschen haben die Fahrzeuge mitten auf der Straße abgestellt und blicken an den beiden Türmen des Energieministeriums vorbei zum Himmel. Die Marktstraße an der gegenüberliegenden Seite des Kreisels ist mit Lieferwagen verstopft, ein Gemüsestand umgekippt. Auf dem Asphalt liegen aufgeplatzte Zucchini und dicke Auberginen, ein Verkäufer im schmutzigen Kittel versucht, die Reste wieder aufzusammeln. Sie blickt sich erneut um, kann das Gesicht aber nirgendwo mehr erkennen.

Sie geht zwischen den beiden Bürotürmen hindurch, vorbei an Soldaten, Fahnenmasten und einer Metallschranke. Auf der anderen Seite weitet sich der Weg zu einem Platz. Unter einer Reihe von Akazien ist das rote Vorzelt eines Restaurants zu sehen, vor dem Eingang stehen Gäste und diskutieren. Die mit Kreide beschriebene Tafel mit den Angeboten des Tages liegt umgestoßen unter einem der Bäume. Samia steht in Hemd und grauer Hose neben der Gruppe und blickt in Richtung Hydra, ihr Haar ist zu einem strengen Zopf geflochten. Als sie Wahiba sieht, rennt auf sie zu und schließt sie in die Arme.

»Alhamdulillah, du bist hier!«, bricht es aus ihr hinaus. Sie streicht über die Wangen ihrer Freundin und zieht sie in das Innere des Restaurants. Der Speisesaal ist verglast und mit Plastikpflanzen zugestellt, zwischen verspiegelten Säulen stehen französische Bistrotische und eine Kühltheke. Tortenstücke und Quiches liegen auf Plastiktellern. Ein Kellner in einer gestreiften Weste hat mehrere Speisekarten gedankenlos unter seinen Arm geklemmt. Er sitzt am geöffneten Fenster und filmt mit dem Handy nach draußen.

Wahiba setzt sich an einen der Tische und legt das Gesicht in ihre Hände. »Ich war mittendrin, ich hab den Knall gehört und bin nur noch gelaufen.«

Samia streicht ihr wieder durchs Haar. »Du hast überall Staub.«

»Ich bin eben verfolgt worden! Derselbe Mann, den ich in Hammam Righa gesehen habe.«

Samia geht zur Glasfront und blickt nach draußen. Auf dem Vorplatz stehen nur Männer in Anzügen und Frauen in Kostümen. Sie hat Dutzende von Anschlägen miterlebt. »Du brauchst Ruhe, Wahiba«, sagt sie und gießt ein Glas Wasser aus einer Karaffe ein. »Ich bringe dich nach Hause. Ich gehe heute nicht mehr ins Büro.«

Der Kellner stellt das Radio laut. Der Innenminister spricht auf der Chaîne Trois. Im Stadtteil Hydra habe sich ein bedauerlicher Unfall bei Bauarbeiten an einer Gasleitung ereignet. Glücklicherweise seien keine Opfer zu beklagen. Gerüchte über einen Anschlag seien böswillig gestreut und falsch. Störungen im Handynetz wären technischer Natur und in Kürze behoben. Mit Allahs Hilfe und Dank der Fünfjahresplanung der Regierung sollten solche Unfälle bald der Vergangenheit angehören.

Ein paar der Gäste drängen sich zurück in das Restaurant und setzen sich auf ihre Plätze, andere bleiben draußen und schimpfen laut auf den Minister. Der Kellner stellt den Frauen ungefragt Limonade und zwei Stück Spinatquiche auf den Tisch.

Samia schiebt den Teller zur Seite und blickt Wahiba an. »Wenn sie den Minister ins Radio schicken, dann hat es viele Tote gegeben. So ist das immer.«

»Ich weiß nicht«, sagt Wahiba. Was von dem, was Tarik ihr erzählt hatte, stimmte? Was hatte sie gesehen und was war Einbildung? Sie trinkt einen Schluck, blickt auf ihr Handy. Das Netz ist tot, auch Yasmin hat immer noch nicht auf ihre Anrufe und SMS geantwortet. »Ich wollte mit Tarik in die Kaserne gehen, als sich die Explosion ereignet hat.«

»Tarik?« Samia fällt ihr ins Wort und wiegt den Kopf hin

und her. »Was hat der von dir gewollt? Ich meine, vertraust du ihm? Du hast ihm doch nichts von Hammam Righa erzählt, oder?«

Jedes Mal, wenn sie von einem Treffen mit ihm erzählte, reagiert Samia abweisend. »Ich treffe ihn heute Abend. Vielleicht hat er etwas zu den Namen«, sagt Wahiba.

»Das glaubst du selber nicht! Nicht bei dem ganzen Chaos! Versprich mir, dass du damit aufhörst.«

Das Restaurant ist fast wieder voll besetzt, aus den Boxen ertönt Chaabi-Musik. Einer der Gäste, ein Mann mit einem aufgedunsenen Gesicht und fleischigen Lippen, summt die Melodie mit, der Nachrichtensender ist ausgeschaltet. »Dein Tarik ist beim Militär«, ergänzt Samia. »Vergiss das nicht!«

Wahiba kennt Tarik, seit sie für die Zeitung IT-Experten interviewt hat. Fayçal hatte den Kontakt hergestellt, über einen Kontaktmann im Verteidigungsministerium. Tarik gefiel ihr durchaus, aber für mehr fehlte einfach die Zeit. Und doch hat sie ihn noch nie so aggressiv erlebt wie in der Kaserne. »Ich bin schon vorsichtig«, sagt sie, drückt dem Kellner einen fleckigen Geldschein in die Hand und zieht ihre Freundin nach draußen. Der unbekannte Verfolger ist nirgendwo zu sehen, zwischen den Bauten des Ministeriums stehen Uniformierte, der Verkehr am Kreisverkehr rollt langsam wieder an, die Luft stinkt bereits nach Abgasen, Lastwagen biegen in Richtung der Autobahn ab. Erst als sie in die Marktstraße eintreten, sieht sie das Gesicht erneut. Der Mann steht vor einer Metzgerei. Abgehangene Schafshälften hängen in der prallen Sonne, sein Kinnbart und die hageren Züge spiegeln sich in einem Schaufenster.

Sie zieht Samia in einen Laden auf der anderen Seite,

vorbei an Konserven und offenen Säcken voller Nüsse und Pistazien.

»Siehst du ihn?« Der hagere Mann hat sich weggedreht und diskutiert mit einem dicklichen Händler. Immer wieder unterbricht er kurz die Unterhaltung und scheint sich suchend umzublicken. »Ich kenne das Gesicht aus Ain Taya. In Hammam Righa habe ich ihn auch schon gesehen.«

Sie macht mit dem Handy eine Aufnahme. Der Mann hat den Kopf zur Seite gedreht, sie kann nur das Profil erfassen. Bevor sie es erneut versucht, drängt sich ein Lastwagen durch die Gasse. Die Passanten werden zur Seite gedrängt, der Wagen schiebt sich an den Ständen und Auslagen vorbei. Als er in den Kreisverkehr einbiegt, ist der Mann verschwunden. Die Metzgerei ist menschenleer, am Eingang des Gemüseladens unterhalten sich Frauen. Ein verschleiertes Mädchen mit Brille und dichten Augenbrauen steht hinter der Registerkasse und beobachtet Wahiba misstrauisch. Samia zieht sie die Straße hinab, Richtung Innenstadt.

Als die beiden Frauen hinter einer Biegung verschwunden sind, tritt ein Mann mit einem aufgedunsenen Gesicht aus einem der Nachbargeschäfte. Er grinst, zwischen seinen Lippen steckt eine Zigarette. In seiner Hand hält er eine Kamera. Er schirmt mit der Hand das Display vor der Sonne ab und schaut sich die Aufnahmen an. Auf dem ersten Bild sitzen zwei junge Frauen in einem Restaurant, eine ältere Aufnahme zeigt eine der beiden mit einem älteren Mann vor dem Verteidigungsministerium.

ALS SICH DIE TÜR DES Aufzugs öffnet, schlägt ihr der Wind ins Gesicht. Sie steht im zwanzigsten Stock des Aérohabitat. Das massive Gebäude im Stile von Le Corbusier ragt quer in die Innenstadt hinein. Wahiba geht den Flur zwischen den Wohnungen entlang bis zu einem offenen Fenster und stellt die Plastiktüte mit den Medikamenten neben sich auf das Linoleum. Sie wird die Tabletten einnehmen und zwei oder drei Tage abwarten. Onkel Mahmoud würde ihr bei einem weiteren Termin im Krankenhaus helfen müssen. Samia ist bereits zwischen den Autos und den Menschen verschwunden, als sie auf die Straße blickt. Im Hafen legt dieselbe Fähre ab, mit der sie damals nach Algier übergesetzt ist.

Sie sucht den Schlüssel und schließt die Wohnungstür auf. Im Zimmer steht die Luft, ist abgestanden und stickig. Auf dem Tisch liegen noch Servietten. Nach den Übernachtungen im Krankenhaus war sie nur kurz hier, um zu duschen. Sie hebt zwei Umschläge auf, die unter der Tür hindurchgeschoben wurden. Eine Stromrechnung und ein handgeschriebener Brief der Hausverwaltung, der zu mehr Wachsamkeit in der Nachbarschaft auffordert. Dazu ein zerknittertes Flugblatt mit einem Spendenaufruf für die Kinder in Gaza.

An der Spüle schlägt sie mehrere Eier in eine Schüssel und gießt den Saft einer ausgepressten Zitrone dazu. Ein halbes Stück Butter bringt sie in einer Pfanne zum Schmelzen. Langsam rührt sie die flüssige Butter in die Mischung und fügt etwas Zucker hinzu. Ein halber Esslöffel voll weißer Kristalle fällt ihr auf den Fußboden. Aus dem Eisfach nimmt sie einen tiefgefrorenen Blätterteig und legt ihn auf einen Teller in die Sonne. Als das Wasser für den Tee kocht, faltet sie die Masse auseinander und kleidet damit eine Form aus. Sie zündet den Gasherd an, geht ins Bad und tastet die Unterlippe ab. Die Schwellung ist verschwunden. Sie muss nur aufgeben, sagt sie sich, um sich mit dem Land ihres Vaters zu versöhnen, Réconciliation Nationale, Concorde Civile, und alles ist gut.

Im Wohnzimmer schaltet sie den Fernseher ein. Al-Dschasira berichtet aus dem Libanon. Das Statement des Ministers über einen Unfall in Algier läuft bei France24 am unteren Bildrand mit. Sie geht ins Schlafzimmer und faltet die Wäsche zusammen. Die Blutflecken vom Strand und die rote Erde aus den Bergen sind herausgewaschen. Sie hält die Bluse gegen das Licht, ein Knopf ist abgerissen. Als sie sich zum Nachttisch dreht und nach Nadel und Faden sucht, nimmt sie den Duft der tarte au citron war. Sie schaltet den Herd aus und stellt den dampfenden Kuchen auf den Tisch. Ihr Handy liegt angeschlossen an ein Ladegerät zwischen den Tassen und dem klebrigen Rührstab. Vielleicht würde Tarik später anrufen, vielleicht auch nicht. Samia hatte Recht, er würde zu tun haben.

Sie greift nach den mitgebrachten Tageszeitungen. Nichts zu den Kämpfen im Gebirge. Nur La Raison brachte einen kurzen Bericht ohne Bild. Sie blickt auf den Ordner, den sie sich für die Recherche angelegt hat. Die Bauzeichnungen und die Adressliste liegen darin, dazu Artikel aus den letzten Monaten über die Groupe de Légitime Défense und Terroranschläge in der Kabylei. Zwischen den Unterlagen steckt auch der Zettel mit Yasmins Telefonnummer. Sie könnte die Unterlagen verbrennen oder vom Balkon werfen. Fayçal hatte Recht. Unten auf dem Boulevard Krim Belkacem würde sich niemand für die Aufzeichnungen interessieren, Yasmin würde genauso verschwunden bleiben wie Matoub.

Wahiba setzt sich vor den Kuchen und öffnet das Fenster. Sie hört das monotone Rauschen der Autos auf der Straße und einzelne Gesprächsfetzen aus den Wohnungen der Nachbarn. Ein Stockwerk über ihr streitet eine Familie, Kinder schreien auf einem Balkon. In ein paar Minuten würde der Ruf des Muezzin zum Maghrib- und später auch zum Ischa-Gebet ertönen.

Unter dem Bett zieht sie eine flache Plastikkiste hervor. Zwischen Handtüchern und Strandmatten liegt der Saggada ihres Vaters, in den Stoff des Teppichs ist eine Wasserkanne eingewoben. Es ist Jahre her, dass sie das letzte Mal eines der fünf Gebete gesprochen hat, hier taten es alle. Samia schien der Rhythmus Halt zu geben. Sie müsste sich nur waschen und das Haar bedecken, neben dem Spiegel wäre Platz. Nach dem Takbir könnte sie ein persönliches Bittgebet sprechen. Sie muss etwas Halt finden, irgendetwas, das ihr einen Moment Ruhe verschafft.

Der Lautsprecher am Minarett wird angeschaltet. Der Muezzin klopft gegen das Mikrophon. Wahiba denkt an Ain Taya und den Streit mit ihrem Cousin. Das war es nicht wert.

Sie schiebt den Teppich unter die Tücher und geht zurück ins Wohnzimmer. Am Tisch beginnt sie ein Stück des noch warmen Kuchens zu essen. Die leicht säuerliche Füllung klebt zwischen den Zähnen. Sie schluckt zwei der Tabletten hinunter. Die Verkäuferin in der Apotheke hat lange nach der Packung suchen müssen. Während der Adhan ertönt, geht sie zum Sofa, faltet eine Flanelldecke zusammen und streicht sich damit übers Gesicht. Der Gebetsaufruf ist bereits abgeklungen, als ihr Handy zweimal hintereinander piept. Sie scrollt durch den Text. Yasmin hat ihr eine Nachricht geschrieben. Will sie das wirklich? Will sie weitermachen mit einer Geschichte, die niemanden interessiert?

NACH DEM ISCHA-GEBET PARKT sie den Wagen am Boulevard Mohamed V. Hochgewachsene Palmen wiegen sich im Wind, die Straßenlaternen leuchten bereits. Jugendstilhäuser stehen mehrere Stockwerke hoch an der Straße. An den Fassaden sind gusseiserne Balkone und Markisen angebracht. Nur einzelne Taxen und Lieferwagen fahren die Straße entlang. Die Geschäfte im Erdgeschoss sind mit Rollgittern aus blauem Metall verschlossen. Der Bürgersteig ist menschenleer. Wahiba sucht im Handy nach Yasmins letzter Nachricht und kontrolliert den Inhalt der Handtasche. Lippenstift, Nagelfeile, ein Pfefferspray. Sie hat das Mädchen am Telefon kaum verstanden. Sie hat geweint und erst eine Adresse geschickt, als Wahiba ihr wiederholt von dem Gespräch im Château Normand berichtet hat.

Neben einem geschlossenen Restaurant findet sie die Nummer 38b. Der unbeleuchtete Eingang wirkt wie ein hungriges Maul. Sie tastet nach dem Lichtschalter. Die Lampen an der Decke funktionieren nicht. Hinter überfüllten Postfächern schraubt sich eine Marmortreppe in die Höhe. Der Fahrstuhl in der Mitte des Treppenhauses ist mit einem Vorhängeschloss verriegelt. An einem gedrechselten Handlauf zieht sie sich nach oben. Die Namensschilder an den Wohnungstüren sind abgeschraubt oder unkenntlich gemacht. Sie spürt, wie ihr aus den zerbrochenen Fenstern in den Zwischengeschossen der Wind entgegenpfeift. Eine Tür im dritten Stock öffnet sich für einen kurzen Moment und wird sofort wieder geschlossen. Unterhalb der Dachgeschosswohnung versperrt ihr ein Stahlgitter den Weg. Dahinter macht sie den Glutpunkt einer Zigarette aus. Ein Mann tritt auf sie zu. Sie kann einen kahlrasierten Schädel und tätowierte Oberarme erkennen.

»Was willst du?«, fragt er.

»Yasmin hat mir von euch erzählt. Ich will weg aus Ain Taya.« Sie wirft den Kopf in den Nacken. Das gelockte Haar trägt sie offen, Fuß- und Fingernägel sind rot lackiert.

»Bist du alleine?«

Sie nickt. Der Mann wirft die Zigarette auf den Boden und schließt auf. Er packt sie am Oberarm und drängt sie ein paar Stufen weiter in eine Wohnung hinein. An den Wänden zieht sich Stuck von Raum zu Raum. Der Fußboden aus Schiffsplanken trägt tiefe Kratzer. Wasserflecken fressen sich an mehreren Stellen durch die Decke. Dicke Kakerlaken verschwinden hinter Leitungen. Basstöne wummern durch den Flur.

Im Wohnzimmer liegt eine Frau in einem engen Paillettenkleid auf einem Sofa. Künstliche Wimpern betonen die grünen Augen. Im Haar glitzern Spangen. Olympique Marseille spielt auf einem gigantischen Plasmabildschirm gegen PSG. Auf einem Couchtisch aus Rauchglas liegen aufgeschnittene Zitronen und Feuerzeuge. Als Wahiba die Frau anspricht, zischt diese abweisend und dreht den Kopf zur Seite. Der Türsteher geht auf den Balkon zu einer Gruppe von Männern, die sich um eine Schischa versammelt haben. Er wendet sich einem Mann mit schwarzen Locken und hochgestelltem Hemdkragen zu, der die Musik leise dreht und eintritt. Auf dem Weg zu ihr kippt er ein Glas mit einer hellen Flüssigkeit hinunter und legt die Hand um ihre Hüfte.

»B' soir, chérie. Ich bin Adnane. Schön, dass wir so charmanten Besuch haben.«

Sie küsst ihn auf die Wangen. Sie riecht Alkohol und schweres Rasierwasser, nimmt dann neben der Frau auf dem Sofa Platz und zündet sie sich eine Zigarette an. Nach dem ersten Zug kratzt es im Hals. Adnane stellt ein Glas vor ihr auf den Tisch und füllt es bis zum Rand mit Anisschnaps, bevor er den Fernseher stummschaltet und nach dem Türsteher winkt, der einen leeren Aschenbecher und Zigaretten auf den Tisch legt. Seine Hand ruht auf ihrem Oberschenkel. »Yasmin hat dir also von mir erzählt«, sagt er. »Das Château Normand ist zu einem ziemlichen Dreckloch verkommen, oder?«

Schreie hallen durchs Treppenhaus. Hinter einer Wand poltert es. Einer der Schläger vom Strand betritt den Raum. »Scharmuta! Was macht die denn hier?«, fragt er, als er Wahiba bemerkt. Durch das dünne Leder der Handtasche tastet sie nach dem Pfefferspray.

Adnane legt den Arm um ihre Schultern und zieht sie zu sich. »Ihr kennt euch? Willst du uns nicht mehr über deine Arbeit im Château erzählen?« Er verstärkt den Druck und dreht ihr Gesicht so, dass sie ihn ansehen muss.

»Der Club ist total runter, ich will nicht mehr da hin. Hat er dir erzählt, dass am Strand ein Militär erschossen wurde?«, fragt sie.

»Sie lügt. Ich habe gesehen, wie sie am Strand rumgeschnüffelt hat.« Der Schläger tritt vor und ballt eine Hand zur Faust.

»Chut!« Adnane hebt die Hand. »Nochmal, willst du uns nicht mehr über deine Arbeit im Château erzählen?«

Wahiba dreht den Kopf zu Adnane. Sie küsst seinen Nacken und zieht ihre Nasenspitze an seinem Hals entlang. »Er muss mich verwechseln. Ich war nie am Strand«, flüstert sie. »Das Château lässt seine Mädchen nicht runter.« Sie streicht ihm übers Gesicht. »Ich weiß nicht, warum er lügt, aber er lügt.«

Adnane umklammert ihr Handgelenk und drückt es von seinem Gesicht weg. »Und wieso sollte er und nicht du lügen?«

»Yasmin hatte Angst. Alle haben Angst. Er kassiert da ab, und jetzt tut er so, als hätte er mich noch nie im Château gesehen. Er hat Angst, dass ich es dir erzähle.«

»Seit wann bist du im Château?«

»Seit ein paar Wochen.«

»Und wieso habe ich noch nie deinen Namen gehört?«

»Weil er mich nur für sich hart arbeiten lässt.« Der Schläger will etwas sagen, aber Adnane hebt die Hand. Er stiert Wahiba hasserfüllt an. »Wenn du mir nicht glaubst«, fügt sie hinzu, »erkundige dich im Château. Die wissen da alle Bescheid.«

Adnane drückt ihre Hand aufs Sofa und presst sie ins Polster. Als er sich der Frau im Paillettenkleid zuwendet, zuckt diese zusammen. »Bring sie nach hinten, bis ich euch rufe!«

Durch einen verwinkelten Gang geht die Frau vor zu einer offenen Tür, die in eine Küche führt. Sie stößt Wahiba an die Wand, nimmt eine Flasche Schnaps aus dem Kühlschrank und lacht, als sie zurückgeht.

»Vergiss es, Pétasse!«, sagt sie. »Adnane gehört mir.«

In der Spüle stapeln sich dreckiges Geschirr und Pappkartons, neben dem Müll hängt eine Therme an der Wand. Über Seifen und Bürsten ein Spiegel, der mit Kalkflecken überzogen ist. Rostige Heißwasserleitungen führen ins Badezimmer. Als Wahiba sich umdreht, ist die Frau verschwunden. Sie drückt die Klinke zum Nebenraum nach unten.

Yasmin sitzt in einer leeren Badewanne. Sie ist nackt und hat beide Arme um die Knie geschlungen. Um ihr Fußgelenk trägt sie eine Silberkette. Sie kann höchstens sechzehn oder siebzehn Jahre alt sein. Mit dem Kopf stößt sie immer wieder gegen die Fliesen. Am Bauch und an den Unterschenkeln sind blaue Flecken zu sehen. Der Handrücken ist vernarbt und von Einstichen gezeichnet.

Am Fenster blickt Wahiba in einen Lichtschacht, der zwischen den Häusern in die Tiefe führt. Kabel hängen aus den Wänden. Im zweiten Stock steht ein Fenster offen.

Wahiba öffnet den Badezimmerschrank. Putzmittelflaschen, verwaschene Handtücher. Ein Bademantel ist in das unterste Fach gestopft. Sie hilft Yasmin hinein und führt sie in die Küche. Die Frau im Paillettenkleid steht plötzlich vor ihnen. Yasmin reißt sich los, stürzt sich auf sie und fällt mit ihr gegen die Spüle. Die Frau schlägt ihr eine Faust in den Magen, so dass sie zu Boden sinkt. Als sie sich über sie stellt, um ihr in die Seite zu treten, schlägt Wahiba sie mit einem Topf nieder. Nachdem sie die Frau ins Badezimmer gezogen hat, hilft sie Yasmin aufzustehen und sperrt die Tür von innen ab, indem sie einen Stuhl unter die Klinke drückt.

Sie öffnet das Fenster und schaut in den Schacht hinunter. Das Licht unter ihr ist erloschen. Sie klettert auf das Fensterbrett. Mit einer Hand hält sie sich am Rahmen fest, mit der anderen tastet sie das Mauerwerk entlang und legt die Finger um eine Verschraubung. Neben dem Fenster führt eine Metallröhre an der Fassade entlang. Sie muss zum Dunstabzug des Restaurants im Erdgeschoss gehören und ist mit kurzen Stangen an die Wand montiert. Wahiba steigt ins Bad zurück, führt Yasmin zum Fenster und erklärt ihr, was sie vorhat. Yasmin nickt. Sie steigt aus dem Fenster und klettert Sprosse für Sprosse an den quietschenden Metallstreben nach unten. Im zweiten Stock steigt sie durch das geöffnete Fenster. Als sie verschwunden ist, folgt Wahiba ihr und zieht sich eine Etage tiefer durch den Fensterrahmen in ein Badezimmer.

Als das Licht angeht, fährt sie herum. Eine alte Frau steht vor ihnen, drückt einen Finger gegen ihre Lippen und schaltet das Licht wieder aus. Über ihren Köpfen trampeln Schritte, werden Sachen zu Boden geworfen. Sie hören Stimmen aus dem Lichtschacht. Die alte Frau drängt sie in den beleuchteten Flur und geht zur Wohnungstür.

Auch im Treppenhaus sind Rufe und Schritte zu hören. Die Wand im Flur ist mit gemustertem Stoff bezogen. Auf einer Anrichte stehen Bilder. Als die Frau sich umdreht, zittert sie. Ihr Haar ist weißgrau mit wenigen schwarzen Strähnen versehen. An ihrer Bluse sitzt eine Brosche aus violetten Steinen. Sie sieht Yasmin an, als sie an der Wand zusammensackt.

»Ich habe sie schreien hören«, sagt sie zu Wahiba. »Gestern dachte ich, sie springt aus dem Fenster.«

Einer von Adnanes Männern schlägt im Treppenhaus gegen die Wohnungstüren und klingelt immer wieder.

»Die wissen, dass ihr noch im Haus seid«, sagt die alte Frau.

»Mein Mann hat Waffen für den FLN versteckt. Während der Bataille d'Alger.« Sie hilft Wahiba, Yasmin ins Wohnzimmer zu führen, und schiebt einen Tisch zur Seite.

Zwei der Planken im Boden lassen sich lösen und darunter erscheint ein rechteckiges Loch. Platz für mehrere Munitionskisten oder für jemanden, der sich in diesem doppelten Boden verstecken kann. Obwohl Wahiba sie dazu auffordert hineinzusteigen, weigert sich Yasmin. Sie zittert. Erst, als Adnanes Männer auch gegen die Wohnungstür der alten Frau hämmern, steigt sie hinein und die Frau schließt die Planken über ihnen. Als Yasmin etwas sagen will, presst Wahiba ihr eine Hand auf den Mund.

Die Frau schafft es gerade noch einen Tisch und vielleicht einen Stuhl über die Stelle zu ziehen, als jemand die Tür aufbricht.

Männer stürmen in die Wohnung. Ein Stuhl fällt zu Boden. Staub rieselt ihnen aufs Gesicht. Sie hören einen Schlag. Die alte Frau schreit auf und stürzt. Adnane fragt nach ihnen und droht weitere Schläge an. Wahiba presst Yasmin die Hand fester auf den Mund, als sie zu wimmern beginnt.

Dann ist es plötzlich still.

DIE SCHEINWERFER DER KOLONNE werfen Lichtkegel in die Dünen. Der Himmel ist sternenklar. Am Horizont sind weit entfernte Flammen zu erkennen. Überschüssiges Gas wird abgefackelt. Die GPS-Koordinaten führen sie direkt zu einem Punkt neben den Förderanlagen von In Amenas. Der General konzentriert sich auf das bevorstehende Treffen. Nach tagelangen Gesprächen über Mittelsmänner wird er selbst mit Chikri verhandeln. Er schließt die Hand um einen kleinen Lederbeutel. Seinen Teil der Vereinbarung hat er eingehalten. Die Verhandlungen könnten sich dennoch schwierig gestalten.

Der Soldat auf dem Beifahrersitz dreht sich zu ihm um und reicht ihm eine Mappe. Unter einer Metallspange ist das Bild eines Beamten aus dem Verteidigungsministerium geklemmt. Der Mann hat versucht, Akten im Archiv einzusehen.

Die Aufnahme zeigt ihn im Gespräch mit einer Journalistin. Weiter hinten in der Akte liegt eine zweite Aufnahme. Dieselbe Journalistin mit einer Frau. Die Aufnahme ist laut Vermerk kurz nach dem Anschlag im Stadtteil Hydra entstanden. Ein Spitzel will gesehen haben, wie die Journalistin die Kaserne verlassen hat. In der Akte befindet sich auch ein Hinweis auf eine Behandlung im Militärkrankenhaus. Rauchvergiftung. Vielleicht wesentlich mehr. Der General blickt aus dem Fenster. Vielleicht regelt sich die Sache auch von allein.

Rücklichter blinken vor ihnen auf. Sie bremsen auf offener Strecke. Türen werden aufgerissen. Uniformierte stürmen aus den Militärfahrzeugen und tauchen im Dunkel ab. Wie aus dem Nichts erscheint im Licht der ersten Fahrzeuge eine Gruppe von Pick-Ups mit aufmontierten Maschinengewehren. Vermummte Männer auf den Ladeflächen tragen olivgrüne RPG7 auf den Schultern. Eine schwarze Flagge mit der Aufschrift Allahu Akbar flattert in der Luft.

Der General legt die Mappe zur Seite, steckt den Beutel ein und steigt aus. Er breitet die Handflächen aus und geht auf die Fahrzeuge zu. Einzelne seiner Männer brüllen Kommandos, begeben sich hinter Felsen und Bodenwellen in Deckung und verstummen erst, als sie sehen, wie er durch den Sand stapft. Die Waffen der Vermummten sind auf ihn gerichtet.

Einer der Männer auf den Pick-Ups tritt ihm entgegen. In der Hand hält er eine Misbaha. Er zieht den Cheich beiseite. Sein Gesicht ist von der Sonne gegerbt, auf dem kahlen Schädel sitzt eine flache Gebetsmütze. »Sadiqi. Ahlan wa sahlan, willkommen in unserem Land«, sagt er.

»Das ist nicht euer Land.«

»Na'am. Es gehört Allah.« Der Mann zeichnet mit der Gebetskette ein Muster in die Luft und zeigt auf eine geschwungene Düne und die Sterne. »Irrglaube und Ketzerei, dass der Mensch hieran Anteil hat. Daoula al-islamiya, allaiha nahia, allaiha namud.«

»Wenn ihr für einen islamischen Staat sterben wollt ...«

Sein Gegenüber hebt die linke Hand. Die Bewaffneten

auf den Pick-Ups lassen die Maschinengewehre sinken. Er tritt zur Seite und bittet den General, mit ihm zu kommen.

Auf der anderen Seite der Düne ist Stacheldraht quer durch den Sand gelegt. Rostige Schilder warnen vor Minen aus dem Unabhängigkeitskrieg. Ein Ksar aus dunklen Lehmziegeln ist halb im Sand versunken. Der Mann führt den General zur Seitenwand eines alten Gebäudes und entriegelt eine Pforte aus Palmenholz. Sie betreten einen niedrigen Tunnel, an dessen Ende sie ein weiß getünchtes Zimmer erreichen, das mit Teppichen und Kissen ausgelegt ist. In den Nischen brennen Kerzen in Einfassungen aus buntem Glas. Auf einer Kupferplatte liegt ein reich verzierter Koran.

»Wo ist Chikri?«, fragt der General, als er in den Raum blickt.

»Wer blind in dieser Welt ist, der wird es auch im Jenseits sein.«

»Ohne ihn ist das hier ohne Wert.« Der General wendet sich zum Eingang.

»Allah hat dir Erkenntnis geschenkt. Nutze sie!« Der Mann bietet ihm eines der Kissen an. Als er den Arm nach vorne streckt, sind deutlich Spuren von Verbrennungen auf der Haut zu sehen. Chikri hat am Hindukusch gegen die Sowjets gekämpft und sich danach in den islamischen Untergrund zurückgezogen. Der General, der auf einmal weiß, wer vor ihm steht, hasst ihn seit Jahren und hat während des Bürgerkriegs dessen Anhänger erschießen oder in feuchten Zellen verrotten lassen. Am liebsten würde er seine Waffe auf richten und ihn beseitigen. Nur würde es nicht dazu kommen. Bevor er auch nur die Chance dazu besäße, wäre er tot. Er nimmt auf einem der Kissen Platz.

»Du würdest hier Ziegen hüten«, sagt er. »Bestenfalls Datteln ernten, wenn wir die Franzosen nicht aus dem Land getrieben hätten.«

»Allahs Wille ist unergründlich, mein Freund«, erwidert Chikri mit warmer Stimme. »Früher wusstest du, wo du hingehörst. An die Seite deines Volkes.« Er zeigt in Richtung des Eingangs. »Was soll der Aufmarsch? Du hättest alleine kommen sollen.«

»Hast du mich alleine empfangen? Die Männer und die Fahrzeuge. Wo kommt das her? Libyen? Mali? Glauben deine Leute immer noch an den Dschihad?«

»Was willst du von mir?«

»Komm mit nach Algier.«

»Warum sollte ich das tun? Oh ihr, die ihr glaubt! Vorgegeben ist euch bei Totschlag die Wiedervergeltung.« Chikri zieht den Cheich ein paar Zentimeter zurück über das Kinn. »Der Koran sagt, dass du in meiner Schuld stehst, solange die Mörder meiner Familie noch am Leben sind.«

»Schuld …« Der General spricht das Wort langsam. »Ein Anschlag auf meine Kaserne in Algier. Tote in meiner Einheit. Heute erst. Und trotzdem bin ich hier. Wer steht hier in wessen Schuld?«

Chikris Finger gleiten über die Glaskugeln der Gebetskette. »Wir wissen beide, dass ich mit dem Anschlag nichts zu tun habe. Der Islam kennt diesen Weg nicht. Ich habe längst Versöhnung geschworen.« Er dreht sich zur Seite. Ein dunkelhäutiger Diener betritt den Raum und stellt eine Kanne mit dampfendem Tee zwischen die Männer. Als er den Raum verlassen hat, ergänzt Chikri, »Aber ich will meine Rache.«

Der General zieht den Lederbeutel aus der Hosentasche. »Ich habe etwas mitgebracht. Es stinkt so erbärmlich wie deine Ausreden.«

Chikri nimmt den Beutel und kippt den Inhalt auf die Kupferplatte. Eine abgetrennte Nase fällt neben die Gläser. Das Fleisch ist faulig und vernarbt. Er kneift die Augen zusammen, das Tuch gleitet ihm wieder vom Kinn.

»Wir haben ihn auseinandergeschnitten wie einen Hammel zum Opferfest«, sagt der General.

»Es waren andere beteiligt. Abdelkader Mekhrid hat nicht alleine gehandelt.«

Der General schüttelt den Kopf. »Ich nehme dir nicht die ganze Arbeit ab. Du willst die Ehre deiner Familie wiederherstellen? Dann musst du dir die Finger schmutzig machen.«

»Tote Kinder und Familien ... das ist nicht mehr der Weg Allahs.«

Der General greift nach dem Koran. »Allah liebt diejenigen, die für ihn in Reih und Glied kämpfen und fest stehen wie eine Mauer.« Er legt das Buch zur Seite. »Die letzten fünfzig Jahre habe ich gestanden wie eine Mauer. Jeden einzelnen Tag habe ich dieses verdammte Land gerettet. Vor den Franzosen und dem Feuer und der Scheiße von euch selbsternannten Gotteskriegern. Wenn du das nicht verstehst, wenn ich dir nicht vertrauen kann, dann ist das reine Zeitverschwendung.«

»Warum sollten wir nicht auf Allah vertrauen, wo er uns den Weg gewiesen hat?«

»Wir kennen uns lange genug. Komm zum Punkt.«

Chikris Mundwinkel zucken nach oben. Er lehnt sich zurück. »Mein Wort gilt«, sagt er. »Aber ich will mehr.«

Der General macht eine kreisende Bewegung mit der Hand.

»Zugriff auf alle aus Abdelkader Mekhrids Einheit. Namen und Wohnorte.« Chikri greift nach der Kanne und gießt heißen Tee in die Gläser. »Und die Hälfte von dem, was dir zusteht. Denkst du oft an Den Haag? Ich schon. Meine Leute auch. Die warten nur auf mein Zeichen. Dann lassen sie die Akten über die Einsätze verschwinden, die du angeordnet hast.«

»Wer will mich vor Gericht stellen?« Der General lacht. »Den stelle ich hier vor Gericht.«

EIN KRAMPF DURCHZIEHT Yasmins Körper. Wahiba flüstert ein paar der neunundneunzig Namen Allahs. Alle, an die sie sich aus den Gebeten ihres Vaters noch erinnern kann. Sie versucht, eine Hand an Yasmins Schläfen zu legen, kann aber die Schulter nicht bewegen. Alles ist dunkel. Seit Minuten herrscht Stille. Sie dreht den Nacken zur Seite. Rechts von ihr dringt Licht durch die Ritzen. Plötzlich vernimmt sie wieder Schritte und Stimmen. Eine Tür knarrt. Etwas Schweres wird über den Boden gezogen. Sie schließt die Augen und wartet. Als sie wieder einatmet, sind die Geräusche verstummt. Sie zählt langsam bis einhundert, drückt beide Hände gegen die Planken und versucht, das Holz zur Seite zu schieben. Sie winkelt die Kniegelenke an. Nichts bewegt sich.

Yasmin beginnt zu wimmern. Wahiba schiebt ihr eine Hand auf den Mund und fordert sie durch eine Geste auf, mit ihr zusammen eine der Planken hochzudrücken. Zu zweit pressen sie gegen das Holz. Die Planken lassen sich wenige Zentimeter anheben.

Als Licht in das Versteck fällt, winkelt Wahiba die Knie noch weiter an und presst gegen das untere Ende. Etwas Schweres rutscht zur Seite und die erste Planke löst sich. Eine zweite. Schließlich alle.

Wahiba setzt sich auf und entdeckt die alte Frau direkt

neben ihr. Mit dem Gesicht nach unten und verdrehten Beinen. An den Schläfen rinnt Blut herab.

Sie hält dem Mädchen die Hand vor die Augen, flüstert ihr ins Ohr, dass sie nicht schreien soll und zieht sie zum Sofa, wo sie weiter Gebete und Kinderlieder in Yasmins Ohr flüstert, bis das Mädchen den Kopf von der alten Frau abwendet und beginnt, einzelne Worte und Satzteile zu wiederholen.

Wahiba kniet sich neben die alte Frau und fühlt ihren Puls. Sie ist tot. Inmitten von umgestoßenen Fotorahmen und zerbrochenem Porzellan erschlagen worden. Ihre Hand hält die violette Brosche noch fest umschlossen. Wahiba drückt ihr die Augen zu, sieht sich um, wartet.

Auf allen vieren kriecht sie schließlich zum Fenster und zieht den schweren Brokatvorhang ein Stück zur Seite. Einer von Adnanes Männern steht auf der Straße und schaut zur Kreuzung hinunter. Vor ihm beugt sich ein zweiter über die Reihe der geparkten Autos und leuchtet das Innere mit einer Taschenlampe aus. Auch in ihren roten Peugeot weiter unten am Boulevard. Ist das ein Zufall? Weiß Adnane, dass der Wagen ihr gehört? Weiß er, wer sie ist?

Sie lässt den Vorhang zu Boden gleiten, schiebt die Planken über das Loch im Boden und zieht den Körper der alten Frau wieder über die Stelle.

Zwischen zerbrochenen Bilderrahmen und Scherben liegen Aufnahmen, die die Frau in jungen Jahren zeigen. Die Haare zu einer Wasserwelle gelegt. Sie blickt von einer Bühne herab auf eine Gruppe junger Männer in Anzügen und Uniformen. Im Hintergrund die Fahne der französischen Republik.

Wahiba richtet sich auf und geht zur eingetreten Wohnungstür. Unten im Treppenhaus sind Schritte zu hören. Sie duckt sich und kehrt ans Fenster zurück. Adnane und der glatzköpfige Schläger vom Strand verlassen das Haus. Sie marschieren den Boulevard hinab in Richtung zu dem roten Peugeot. Wahiba geht ins Schlafzimmer und öffnet den Kleiderschrank. Unter Stößen von Decken zieht sie ein Wickelkleid und einen Mantel hervor. Yasmin hat die Augen halb geöffnet, als sie mit den Sachen ins Wohnzimmer zurückkehrt. Sie kratzt hektisch über die Einstiche auf den Füßen. Wahiba hilft ihr in das Kleid und in den Mantel und führt das Mädchen zur offenstehenden Wohnungstür.

Die wummernden Bassgeräusche sind verstummt. Eine Klimaanlage surrt. Sie greift nach dem Handlauf, als Yasmin die Beine wegzusacken drohen, und führt sie hinunter ins Erdgeschoss. Vor dem Torbogen blickt sie zum Balkon der Dachgeschosswohnung hoch. Sie kann nichts erkennen. Nur den schwarzen Himmel. Wenn Adnane weiß, dass der Peugeot ihr gehört, wird er ihre Adresse herausfinden und zuhause auf sie warten. Im Aérohabitat. Was sollen sie tun?

Sie schaut die Straße hinunter zu Adnane, der zu beschäftigt ist, um zu bemerken, wie sie das Haus verlassen.

Sie zieht das Mädchen mit sich den Bürgersteig hinunter, wo sie Yasmin augenblicklich in eine Gasse drückt und sich mit ihr in einem Hauseingang versteckt. Nichts. Niemand folgt ihnen. Ihre Hand zittert. Sie darf jetzt nicht zusammenbrechen. Sie muss einen klaren Kopf behalten. Wo sollen sie hin? Sie bekommt kaum Luft und zwingt sich zu atmen. Yasmin schaut sie aus weit aufgerissenen Augen an.

Sie blickt in die Gasse. Die Türen der Wohnungen und Restaurants sind geschlossen. Schilder mit arabischen Schriftzeichen hängen schief an den Wänden. Die wenigen Lampen an den Wänden flackern. Aus einem Schacht schlägt ihnen der Gestank von kaltem Fett entgegen. Wo sollen sie hin? Das Haus von Samias Familie liegt direkt neben ihrer Wohnung. Sie kann Samia unmöglich in Gefahr bringen. Ihr Onkel ist weit draußen, in seinem Wohnblock am Rande des Forêt de Bainem. Ins Hotel Albert Premier neben der Hauptpost? Sicher lauerte ein Spitzel der Geheimdienste im Foyer und würde Fragen stellen. Sie melden.

Yasmin wendet den Blick nicht von ihr, als spüre sie Wahibas Angst. Sie will sich losreißen und davonlaufen, doch Wahiba hält sie am Handgelenk fest, reißt sie zurück, zieht sie tiefer in die Gasse hinein, bis sie auf der anderen Seite auf eine Kreuzung treffen. Dann hört sie wieder Schritte auf dem Pflaster. Jemand läuft den Boulevard hinunter und macht am Eingang zur Gasse Halt.

Erneut windet sich Yasmin aus Wahibas Griff und rennt zu einer Treppe hin. Breite Betonstufen führen zwischen zwei hohen Mauern hindurch hoch nach Télemly. Ins Viertel am Berg voller Bauten aus der Kolonialzeit und alten Stadtparks.

Yasmin bleibt plötzlich stehen, wartet auf Wahiba und stößt mit dem Fuß den Kadaver einer Katze zur Seite. Sie winkt ihr zu. Zusammen steigen sie die Treppe nach oben.

Hinter einer Kurve kauert sich Yasmin zu Boden und sucht Wahibas Blick. Ihr Gesichtsausdruck wirkt auf einmal wie der eines gehetzten Tieres, das sich in Sicherheit bringen will. Sie zeigt auf den Tifariti-Park am Hang. Dort hat

Wahiba einen Teil ihrer Kindheit verbracht. Zwischen kaputten Karussells und Kioskbuden gespielt und auf ihren Vater gewartet.

Weiter oben verengt sich die Treppe zu einem Spalt. Sie zwängen sich durch einen Engpass zu einem kleinen Platz durch. Eine der Mauern ist einem hohen Gitter gewichen, das den gepflasterten Weg zu einem blaugrün ausgeleuchteten Pool mit Palmen versperrt. Dahinter steht ein maghrebinischer Palast mit kleinen Türmen, gemauerten Erkern und bunten Kacheln an den Wänden. Sie sitzen fest. In einer Sackgasse. Wenn der Mann ihnen gefolgt ist, wird er sie gleich einholen. Es bleibt ihnen nichts anderes übrig, als an einem Stein weiter hochzuklettern. Yasmin muss Wahiba beim Aufstieg helfen, die mit dem linken Fuß abrutscht und sich eine Wunde am Knie zuzieht. Kleine Häuser, zum Teil mit Ranken überwachsen, erwarten sie auf dem Plateau. Sie stehen im Licht einer gelblich schimmernden Laterne.

An einer Ecke sitzen Soldaten auf Plastikstühlen. Sie haben ein Warnschild und eine Gaslampe aufgestellt und ihnen den Rücken zugekehrt. Yasmin starrt wie hypnotisiert auf den Checkpoint. Außerstande, sich zu bewegen. Wahiba versucht, sie in Richtung des Wohnblocks zu ziehen. Yasmin rührt sich nicht von der Stelle. Einer der Uniformierten dreht sich um. Vielleicht zwanzig oder noch jünger. Er richtet die Gaslampe auf sie. Dann kommt er auf sie zu.

ES IST HALB VIER UND TOTENSTILL. Am Osthimmel ist kein Licht zu sehen. Die letzte Stunde vor dem Einsetzen der Dämmerung ist immer die schlimmste. Dann kommt er ins Grübeln. Dann kehrt die Angst zurück. Die Terroristen der Groupe Islamique Armé hatten sich zu der Zeit aus den Vororten von Algier in die Wälder zurückgezogen und nur zerschnittene Körper und Sprengfallen hinterlassen. Manchmal hatten sie selbst die Toten vermint. Ihren Anblick vergisst Tarik nie.

Er geht zum Kühlschrank, nimmt sich eine Kräuterlimonade und setzt sich an den Tisch. Die Neonröhre an der Decke seiner Einzimmerwohnung summt. Er ist ausgebildet worden, um Statistiken zu führen, Berechnungen anzustellen und elektrische Schaltwerke zu warten. Tatsächlich hatte er Leichenteile eingesammelt und seine Kameraden und sich davon abhalten müssen, den Verstand zu verlieren. Besonders dann, wenn es Kinder getroffen hatte. Er war einer der wenigen, die die Nerven behalten hatten, wahrscheinlich hatte der Colonel ihn deswegen zur sécurité militaire geholt, obwohl er eigentlich hatte aussteigen, sein Leben ändern wollen. Nachts schreckt er oft aus dem Bett hoch und findet anschließend keinen Schlaf mehr.

Er spielt mit einem Anhänger aus geflochtenem Stoff, den er nach dem letzten Freitagsgebet aus dem Sufi-Schrein in der Casbah mitgenommen hat. Aus aufgestickten Perlen ist eine Rose nachgebildet. Die tiefe Versenkung in Allah hilft ihm, klar zu denken. Mit der anderen Hand breitet er die Unterlagen aus den Archiven des Geheimdienstes aus und vergleicht sie mit Wahibas Namensliste. Manche tot, andere flüchtig. Auch Matoub. Seine Personalakte beschreibt ihn als Einzelkämpfer mit einem Hang zu Prostituierten und Drogen. Er hat Erfahrung im Umgang mit Sprengstoffen und ist überall einsetzbar. Genau wie Abdelkader Mekhrid hat er General Boudjala gedient. In den Gorges de Paléstro gegen französische Fallschirmspringer und später bei Beschaffungen und offenen Rechnungen. In was zog Wahiba ihn da hinein? Hatte sie überhaupt eine Ahnung davon, in welche Gefahr sie ihn brachte? Oder war es ihr egal? Nutzte sie ihn nur aus, weil er vor ihr nicht verbergen konnte, dass er sich in sie verliebt hatte? Er hätte sie niemals in die Kaserne mitnehmen dürfen. Er hatte sie als seine Schwester ausgegeben, als er nach ihr gefragt wurde. Wie lange würde diese Lüge ihn schützen?

Die Wundnaht meldet sich mit einem kurzen Ziehen zurück. Wie immer, wenn er keinen Schlaf findet. Er hatte Wahiba nie von dem Hinterhalt erzählt. Vier Mann mit Maschinengewehren und Granaten hatten seinem Jeep bei Boumerdes aufgelauert. Sie hat keine Ahnung davon, wie sein Rücken aussieht. Wenn es geht, versucht er, ihn niemandem zu zeigen. Seine Mutter hat der Anblick damals fast um den Verstand gebracht. Wahiba hat keine Ahnung, wie es um ihn steht. Wie er sich jeden Tag von Neuem überwinden muss.

Als er die leere Flasche neben die Spüle stellt, hört er ein

Klopfen. Vielleicht ein Pinienzweig, den der Wind gegen das Fenster drückt. Als das Klopfen sich wiederholt, schiebt er die Papiere zusammen, steckt sie in den Umschlag und legt ihn neben die Spüle, bevor er durch den Spion blickt.

Im hell erleuchteten Eingangsbereich steht der junge Soldat, den er flüchtig vom Einlass der Kaserne kennt. Hinter ihm Wahiba und ein Mädchen mit dunkler Haut und krausem Haar. Als er die Tür öffnet, stürzt Wahiba wortlos an ihm vorbei in die Wohnung. Der Soldat grinst Tarik breit an, als er ihn in die Wohnung zieht und sich umschaut, ob sie jemand gesehen hat. Es besteht der strikte Befehl, jeden Verdächtigen auf der Polizeistation abzugeben. Warum sonst sollte er hier sein? Wahrscheinlich hatte Wahiba ihm Tariks Namen genannt. Warum brachte er sie sonst her? Und wer war das Mädchen, das nervös in seiner Wohnung auf- und abging? Er habe Wahiba schon öfter mit ihm zusammen gesehen, behauptet der Soldat und könne sich vorstellen, dass Tarik an einer Meldung des Vorfalls kein Interesse habe. Außerdem stamme er doch wie er selbst aus El-Golf. Als Algérois müsse man zusammenhalten. Wieviel? fragt Tarik. Fünfzigtausend Dinar pro Mädchen, antwortet der Soldat und behält sein Grinsen bei. In Euro.

Tarik greift in seine Uniformhose. Zehn fleckige Scheine à zweihundert Dinar eng zusammengerollt und mit einem Gummi umspannt streckt er ihm entgegen. Der Kurs steht irgendwo bei achtzig oder neunzig pro Euro. Als er sieht, wie sich die Miene des jungen Mannes verfinstert, legt er ihm die Hand auf die Schulter und führt ihn zur Tür zurück. Er solle in zwei oder drei Stunden wiederkommen, sagt Tarik im Befehlston. Dann würden die Geldwechsler unten an der Place Port Said öffnen. Um Devisen zu beschaffen, benötige er etwas Zeit.

Vom Fenster aus beobachtet er anschließend, wie sich der Soldat in einen Eingang auf der anderen Straßenseite setzt und sich eine Zigarette anzündet. Mit einer Hand spielt er am Regler des Funkgeräts. Er wird uns verraten, denkt Tarik. Vielleicht hat er das auch schon längst getan und will nur sehen, ob nicht noch mehr für ihn drin ist. Als er sich umdreht, sieht er Wahiba auf dem Sofa sitzen. Sie hat Angst. Wieso glaubt sie, dass er ihr helfen wird? Verschwendet sie überhaupt einen Gedanken daran, dass der Soldat ihn immer und immer wieder erpressen wird?

Das Mädchen bleibt vor den Schrifttafeln mit den Koransuren stehen und zieht die Rundungen der arabischen Zeichen mit dem Finger nach. Er ballt die Fäuste zusammen. Seit Monaten läuft er Wahiba hinterher, lädt sie ein, macht ihr Komplimente und versorgt sie sogar mit Informationen aus der Kaserne. Es war ein Fehler gewesen, ihr die anonyme Nachricht über den Mord an Abdelkader zu schicken. Er hatte lange gezögert und könnte sich nun dafür verfluchen. Wie oft hatte er sich vorgestellt, dass er mit ihr zusammen in seiner Wohnung wäre. Sie vielleicht über Nacht bliebe. Und jetzt ist sie nur hier, weil sie nicht weiter weiß. Weil er der einzige Mensch in Algier ist, der ihr hilft. Dem sie vertraut. Und er? Wen hat er?

Das Mädchen geht zum Kühlschrank und nimmt zwei Flaschen heraus. Als würde sie hier wohnen. Als gebe es ihn gar nicht. Wenn herauskommt, dass er eine Journalistin während des Anschlags in die Kaserne geführt hat, dann ist es vorbei. Weder die sécurité militaire noch der Colonel können ihm dann noch helfen. Ganz im Gegenteil. Er würde in einer der Verhörzellen unterhalb von Hydra verrecken. Seit dem Anschlag fand eine Hetzjagd statt. General Boudjala suchte überall nach Verrätern. Vor allem in den eigenen Reihen. Er musste die Köpfe von ein paar Hintermännern präsentieren, um internen Kritikern und Abweichlern zu drohen und die eigenen Gefolgsleute in der Überzeugung zu bestärken, dass er immer noch die Macht besaß. Dass ohne ihn im Land das blanke Chaos herrschen würde. Wie sollte Tarik das hier erklären? Ohne zu wissen, wer das Mädchen überhaupt war, würde Wahiba sich nur aus einem Grund ihrer angenommen haben: Sie wusste etwas. Und das war gefährlich. Das würde auf ihn zurückfallen. Er tritt wieder ans Fenster. Der Soldat sitzt immer noch im Eingang.

Er hätte Wahiba nach der Explosion in der Kaserne auf der Straße zurücklassen sollen, denkt Tarik. Stattdessen hatte er sie versteckt, ihre Anwesenheit verschleiert und sogar für ihren Artikel recherchiert. In dem Umschlag neben der Spüle lagen die Namensliste und Auszüge aus den Personalakten. Zusammenkopiert aus dem Aktenbestand des Geheimdienstes. Was hatte er sich bloß dabei gedacht? Für sie? Für eine Frau, die ihn auf Distanz hielt, der es offenbar egal war, was mit ihm geschah?

Er greift Wahiba an die Schultern und fragt sie, ob der Soldat sich ihre Namen und Adressen notiert habe. Der Soldat habe sie gleich wiedererkannt, sagt sie, sie am Checkpoint in einen Jeep gesetzt und sie hierher gefahren. Sie wisse nicht, was er seinen Kameraden erzählt oder versprochen habe. Er habe nur kurz mit ihnen geredet und viel gelacht.

Tarik berührt ihre Hand, ihren Arm, ihr Gesicht. Er will sie küssen. Sie an sich drücken. Und sie am liebsten schlagen. Für all das, was sie aus ihm gemacht hat. Einen Verräter.

Es ist kurz nach vier. Draußen ist es noch dunkel. In spätestens zwei Stunden kommt die Ablösung zum Checkpoint, bis dahin muss der Soldat zurück sein. Bei Sonnenaufgang. Es bleibt nur eins zu tun, denkt Tarik. Er muss die Frauen wegschaffen. Sobald sie ihn hier zusammen mit Wahiba und dem Mädchen antreffen, kann er sich nicht mehr herausreden. Da konnte er zehnmal seinen Ausweis vorzeigen, behaupten, er sei bei der sécurité militaire, oder den Colonel anrufen. Er muss Zeit gewinnen. Er darf jetzt nicht den Kopf verlieren. Was er als nächstes tat, war entscheidend. Schlimmstenfalls könnte er alles abstreiten. Sein Wort gegen das eines jungen Soldaten, der seinen Posten verlassen hatte. Wem würden sie wohl glauben?

Sie müssten erst einmal abtauchen, sagt er. Getrennt. Das ist einfacher. Das erschwert die Suche. Er sagt dem Mädchen, dass sie in der Wohnung auf ihn warten soll. Wenn sie zu dritt das Haus verlassen, ist das zu auffällig. Er wird Wahiba zu einer Treppe führen, über die sie zur tiefer gelegenen Parallelstraße gelangt. In zehn Minuten wird er sie dort unten mit dem Wagen abholen und nach El-Harrasch fahren. Dem Soldaten würde er sagen, dass er zu dem Geldwechsler unten an der Place Port Said gehe, um das Geld zu tauschen.

Yasmin will von dem Vorschlag nichts hören. Sie will zu Matoub und faucht ihn an, dass sie seine Hilfe überhaupt nicht benötige. Matoub habe sich in Ain Taya immer gut um sie gekümmert. Sie würde maximal ein paar Münzen für ein

Taxi brauchen. Matoub habe eine Wohnung in Belcourt. Keine zwanzig Minuten von hier entfernt. Da wolle sie jetzt hin, der Rest interessiere sie nicht.

Matoub. Tarik zuckt zusammen. Ausgerechnet Matoub. Der Mann, den die halbe Stadt sucht. Nummer eins auf Wahibas Liste und verdächtigt, den Anschlag auf die Kaserne und den General geplant oder durchgeführt zu haben. Jetzt ist ihm klar, warum Wahiba das Mädchen hergebracht hat. Er will von alldem nichts wissen. Je mehr er weiß, desto mehr bringt er sich in Gefahr. Und plötzlich wird ihm bewusst, dass alles schon viel zu spät ist. Erkennt der Soldat die beiden auf einem Foto wieder, werden sie ihn holen kommen und nicht eher Ruhe geben, bis er alles gestanden hat. Er kennt die Methoden, hat oft genug zusehen müssen. Er sieht Wahiba an. Sie hat den Namen gehört, reagiert aber nicht. Sie überlässt es ihm. Er hat doch einen Plan, oder? Er tritt wieder ans Fenster. Seine Hände zittern.

Er verspricht Yasmin, sie später, nachdem er Wahiba nach El-Harrasch gefahren hat, zu jeder gewünschten Adresse zu bringen, aber nicht jetzt. Erst Wahiba, dann sie. Er wird sie so lange auf dem Dach verstecken. Wenn der Soldat zurückkäme, würde er glauben, dass er sie beide mitgenommen habe.

Er zeigt Yasmin, wo sie sich auf dem Dach verstecken soll, bringt Wahiba zur Treppe und wiederholt, dass sie unten auf der Parallelstraße auf ihn warten soll. Erst dann überquert er die Straße, um den Soldaten zu bitten, eine halbe Stunde zu warten, bis er das Geld bei einem der Gemüsehändler in der Hauptstraße getauscht habe. Der öffne seinen Laden früher als die anderen. So lange solle der Soldat auf die beiden Frauen in der Wohnung aufpassen, damit sie in seiner Abwesenheit nicht das Weite suchen.

Als er den Soldaten zur Wohnungstür führt, spielt er mit dem Anhänger aus Stoff und Perlen in seiner Hosentasche. Allah wird ihm die Kraft geben. In der Wohnung tritt er ihm von hinten in die Kniekehlen. Bevor sein Gegner reagieren kann, schlägt er ihm einen Ellbogen in den Nacken. Die Pistole und das Funkgerät rutschen neben das Sofa. Als der Soldat nach der Waffe greifen will, tritt Tarik ihm gegen den Kopf. Einmal, zweimal, immer wieder. Seine ganze Wut legt er in die Tritte. Schließlich mit dem Absatz in den Nacken. Er tastet ihn ab. Handgeschriebene Notizen, eine Karte für den Bus, ein Ausweis, Jahrgang '93. Er steckt die Waffe ein und wischt das Blut auf dem Boden mit einem Handtuch auf.

Der Anblick des Toten beruhigt ihn. Immerhin hat die Armee ihn dazu eingesetzt, Leichenteile einzusammeln und in den Vororten Algiers verschwinden zu lassen. Er wird sich auch um diese Leiche kümmern. Er murmelt ein Gebet aus der Sufi-Bruderschaft seiner Familie, während er den Körper in den Teppich einrollt. Diesmal ist er nicht vermint. Das ist nur ein Toter. Kein Querschläger. Kein Blindgänger. Keine plötzliche Explosion.

Als er sich aufrichtet, hört er Schritte hinter sich. Yasmin. Sie starrt ihn an und stützt sich mit nach hinten abgewinkelten Armen gegen die Küchenzeile. Als Tarik auf sie zustürzt, versucht sie sich zu drehen, stößt gegen den Türrahmen. Er zieht sie an sich und presst ihr die Hand auf den Mund. Sie fallen zu Boden. Yasmin schlägt gegen seinen Hals, greift nach dem Kabel einer Tischlampe. Tarik ignoriert die Schläge, nimmt ihren Kopf in die Hände und hämmert ihn gegen die Fliesen, bis sie regungslos liegenbleibt.

Im Badezimmer sucht er nach Verbandszeug. Er stopft ihr Watte in den Mund, überklebt ihn mit einem Pflaster und fesselt sie an Händen und Füßen, bevor er sie mit einem Kabel an die Heizung kettet. Er wäscht sich das Blut ab und blickt in den Spiegel. Er wird sich um sie kümmern. Später. Nicht jetzt.

Ein paar Minuten später sammelt er Wahiba neben dem Treppenaufgang auf und sie folgen wortlos den Serpentinen des Boulevard des Lys hinunter, bis zur Place du Premier Mai. Der große Kreisverkehr am Beginn der Hafenpromenade ist hell ausgeleuchtet. Dutzende von Fahnen flattern im Wind. Wahiba blickt wie gebannt auf die vorbeifahrenden Autos auf der Gegenfahrbahn, während sie beginnt, von Yasmin und ihrer Flucht vor Adnane zu erzählen. Tarik hört nur halb zu. Mit jedem Satz bringt sie ihn weiter in Gefahr. Ob er verstanden habe, dass das Mädchen den Zeugen der Ermordung am Strand kenne? Gleich morgen in der Früh will sie die beschriebene Adresse aufsuchen. Matoubs Zimmer in Belcourt.

Tarik überholt einen Lastwagen und zieht an Lagerhallen und Stahlkränen vorbei. Kilometerweise zieht sich das Gewerbegebiet am Meeresufer entlang. Bis auf wenige Lichter an der Baustelle für die Große Moschee ist hier alles dunkel. An der Ausfahrt El-Harrasch verlassen sie die Autobahn und fahren an klobigen Neubauten vorbei. Überlebensgroße Plastiktafeln mit Werbung für Elektrogeräte säumen die Straße. Die Zeichen und Logos sind kaum zu erkennen. Ausrangierte Kühlschränke und Schaumstoffmatratzen stapeln sich an den Wänden der Häuser. Mofas lehnen an Zäunen und Absperrungen.

Plötzlich hält er an, steigt aus, geht um den Wagen und öffnet ihre Tür. Er nimmt ihre Hand und zieht sie an vollgelaufenen Schlaglöchern vorbei, über Pappkisten und Platten aus Styropor. Sie stoßen auf ein Gitter. Dahinter liegt ein Flachbau mit Satellitenschüsseln und Glasbausteinen anstelle von Fenstern. Er schließt auf und schaltet eine nackte Glühbirne an. Neben einem Holztisch liegen eine Matratze und eine Decke aus rotem Stoff. Daneben zwei Flaschen Wasser und eine Rolle Küchenpapier. Hinter einem Plastikvorhang WC und Dusche. In ein paar Stunden komme er wieder, sagt er zu ihr. Hier sei sie sicher.

Als er den Wagen erreicht, presst er die Hände gegen den Kofferraum und senkt den Kopf. Er muss anrufen. Er braucht Hilfe. Vielleicht muss er sogar den Colonel selbst anrufen.

STARKER WELLENGANG. Zweihundert Meter vor der Küste einzelne Felsklippen. Schwarzer Granit, mit Vogeldung dick überzogen. Tarik steigt wieder ein und wendet. Zwei Fischerboote schaukeln zwischen ihm und den Felsen auf dem Wasser. Einer der Männer winkt ihm zu, scheint etwas zu rufen.

Er fährt von der Küste zurück Richtung Hauptstraße. Der Wagen setzt immer wieder auf, kratzt über den sandigen Untergrund. Damit hat er nicht gerechnet. Der Küstenabschnitt zwischen Tamenfoust und Ain Taya ist sonst am frühen Morgen menschenleer. Eigentlich ideal. Ablandiger Wind, sofort tiefes Wasser und Krebse. Eine Wäscheleine zum Befestigen der Steine hat er mitgebracht. Er blickt auf die Uhr. Zwei Stunden sind vergangen, seit er Wahiba abgesetzt hat. Die Ablösung am Checkpoint wird stattgefunden haben. Seine Kameraden, die Gendarmerie werden den Soldaten bereits suchen.

Zwischen Eukalyptusbäumen erreicht er die Kreuzung. Links Richtung Ain Taya, rechts Algier. Eine einspurige Straße ohne Richtungsangabe führt geradeaus nach Süden, tiefer in die Mitidja. Tarik beschleunigt. Die Gehöfte und Hallen auf den Feldern wirken verlassen, bei manchen fehlt das Dach. Einzelne Frauen und Kinder hinter Ziegen und Schafen. Nach kurzer Fahrt erreicht er die ersten Häuser von El Hamiz. Eine Neubausiedlung an der Schnellstraße Richtung Gebirge. Die Metalljalousien der Geschäfte sind noch geschlossen. Erkaltete Kohlegrills für Würste und Hühnchen stehen auf dem Bürgersteig. Müllsäcke stapeln sich an den Wänden. Nur in einer Ecke stehen Männer in schlammfarbigen Gebetsgewändern und diskutieren mit einem Polizisten. Tarik fährt langsam weiter und beobachtet die Gruppe aus den Augenwinkeln, dann im Rückspiegel. Als sie den Polizisten in eine Seitengasse führen, steigt er aus und sucht das Hinweisschild auf die Weberei. Vor ein paar Jahren hat im Keller ein Massaker stattgefunden. Islamisten haben zwei Familien aus der Gegend die Kehle durchgeschnitten. Er müsste nur den Schacht für die Materiallieferungen wiederfinden, vielleicht ein Schloss aufhebeln. Nicht so gut wie die Fische, aber machbar. Niemand geht da hinunter.

Er findet das Schild neben einem dicken Strang schwarzer Elektrokabel. Die Stille wird vom Brummen eines Generators gebrochen. An den Wänden der Häuser gesprayte Anrufungen Allahs, Flüche und die Farben von ES Sétif.

Als er das hintere Ende der Mauer erreicht, sieht er, dass das Werksgebäude verschwunden ist. Eingeebnet. Ein Bauzaun versperrt den Weg zu einem glatt gegossenen Fundament. Eine Tafel verspricht ein klimatisiertes Einkaufszentrum. Das Logo einer französischen Supermarktkette neben Bildern von Frauen und Kindern vor gut gefüllten Tiefkühltruhen.

Er rennt zurück. Beim Einsteigen ballt er die Fäuste zusammen, zwingt sich, sofort den Motor zu starten und weiterzufahren. Vielleicht der Abwassersee? Eine mit Brackwasser vollgelaufene Grube in der Nähe in der von El Baraidia. Nicht zu weit entfernt.

Vorsichtig lenkt er den Wagen über holprige Seitenstraßen und stoppt an einer Baustelle für den neuen Autobahn-Stadtring. Hier im Niemandsland kann er jederzeit auf eine Patrouille stoßen. Polizei, Armee, Geheimdienst, Bürgerwehren oder die Gendarmerie. Er klettert auf das Dach einer abgestellten Planierraupe und sucht nach Anzeichen für Checkpoints. Weit hinten Wasser und die charakteristische Silhouette eines Schützenpanzers. Kantig und in Tarnfarben gestrichen. Daneben ist ein Fahnenmast aufgerichtet, ebenso eine Funkantenne. Die Zufahrt zum See abgesperrt.

Tarik wischt sich den Schweiß von der Stirn. Die Luft ist bereits warm, die Kühle der Nacht und der rötliche Schimmer der Dämmerung verschwunden. Alle Konturen sind messerscharf zu erkennen. Auch seine. Er steigt von der Baumaschine herunter, blickt in den Straßengraben. Steine und braunes Gestrüpp. Irgendwo im Gras raschelt es. Vielleicht eine Ziege oder ein streunender Hund. Er kehrt zum Wagen zurück, legt die Hand an die Kofferraumklappe. Als er Motorgeräusche und das Hupen eines Überlandtaxis hört, steigt er wieder ein und fährt weiter.

Er spielt alle Varianten durch. Den Colonel würde er frühestens in drei oder vier Stunden erreichen können, aber was genau wollte er ihm erzählen? Würde er ihm zuhören? Im Austausch gegen was? Er fährt zur Autobahnauffahrt und schaltet hektisch durch die Radiosender. Musik, kurze Meldungen zu einer geplanten Vertragsunterzeichnung im El-Mitak, nichts zu dem verschwundenen Soldaten. Noch nicht.

Es gibt es noch den Fluss in der Mitte der baie d'Alger und zwei größere Brachen. Vielleicht ist eine davon unbewacht.

Schon vor der Ausfahrt Kouba staut sich der Verkehr. Tarik sieht, dass die Strecke vor ihm bis auf eine Spur verengt ist. Unter einer Brücke werden Fahrzeuge angehalten, an die Seite gewunken und durchsucht. Soldaten und Hunde. Er biegt auf den Standstreifen und fährt langsam rückwärts. Das Risiko ist zu groß. Trotz ausgetauschter Nummernschilder. Immer wieder der Blick nach vorne. Einer der Soldaten schaut auf. Jemand hupt, Bremsen quietschen. Ein Lastwagen steht keine zwei Meter hinter ihm. Der Fahrer schimpft auf ihn ein.

Tariks Hände ruhen auf dem Lenkrad. Er wartet ab, dass sich der Lastwagen vor ihm einsortiert. Dann erst fährt er rückwärts bis zu einer Stelle, an der ein Loch in der Leitplanke klafft und fährt auf eine quer auf die Autobahn führende Straße. Ein Schild weist den Weg nach Belcourt.

Nach ein paar Minuten erreicht er die Nummer 17, Rue Rouiba. Ein einzeln stehender Flachbau inmitten von Lagerhallen und alten Häusern. Im Erdgeschoss ein Ersatzteilhandel. Ein Mann, der glänzende Autofelgen, eingeschweißte Schonbezüge und Flaschen mit Motoröl auf den Bürgersteig stellt, blickt ihm hinterher. Schräg gegenüber eine Bäckerei mit ein paar Frauen, die in einer Schlange warten.

Tarik parkt den Wagen neben dem Gebäude und zieht die Kapuze seines Pullovers über den Kopf. Auf der Rückseite entdeckt er eine leuchtend grüne Stahltür, verschlossene Fenster. Kein Namen, keine Klingel, kein Briefkasten. Genau, wie Yasmin es beschrieben hatte. Er klopft und wartet. Als nichts passiert, geht er zurück zum Wagen und öffnet die Kofferraumklappe einen Spalt breit.

Die Lippen des Mädchens sind blau angelaufen, als er den Kofferraum öffnet. Getrockneter Rotz klebt an der Nase. Sie ist schon an dem Knebel erstickt. Nicht seine Schuld. So stellt sich die Frage nicht, was er mit ihr hätte machen sollen. Er zieht unter ihr ein Brecheisen aus dem Kofferraum heraus und lässt es durch die Hände gleiten. Dann legt er es zurück. Es darf nicht nach einem Einbruch aussehen. Die Tür muss freiwillig geöffnet worden sein.

Er tastet die Fenster ab. Nichts. Auch keine Fußmatten, keine losen Steine oder Vasen. Er tritt drei Schritte zurück und bemerkt den Schatten in der Lampe über der Tür. Die Glühbirne steckt in einer Kugel aus milchigem Glas. Als er sie aus der Fassung dreht, klebt der Schlüssel im Glas.

Die Tür quietscht in den Angeln. Er steht in einem dunklen Raum. Sandkörner knirschen unter den Schuhen. Eine weitere Tür führt in ein kleines Bad, die Fenster mit Querbalken verriegelt. Über einem Stuhl liegen verdreckte Uniformhosen. Auf einem Tisch Holzkisten mit Unterlagen, Fotos und Dienstabzeichen. Daneben ein Stück verschimmeltes Brot.

Als er zur Straße zurückgeht, ist der Verkäufer verschwunden, die Schlange der wartenden Frauen beachtet ihn nicht. Er parkt den Wagen direkt vor der Tür, trägt erst Yasmin ins Zimmer, dann den Leichnam des Soldaten. Mit dem Knie stößt er gegen Fotokisten, die zu Boden fallen.

Auf eine der Aufnahmen erkennt er den Colonel. Er steht inmitten einer Gruppe älterer Männer. Sie tragen behelfsmäßige Uniformen aus grobem Segeltuch und russische Maschinengewehre. Vor verschneiten Gipfeln und Bergdörfern. Das Foto muss eine Groupe de Légitime Défense in den 90er Jahren zeigen. Daneben auch ganz andere Bilder. Eines der Gesichter gehört General Boudjala. Seine Knie zittern. Er muss sich setzen. Dann starrt er gegen die Decke.

RAINA RAI. SAMIA WIRFT IM flackernden Schwarzlicht den Kopf hin und her. Das schweißnasse Haar klatscht gegen den Nacken. Sie dreht sich zum DJ-Pult, lächelt den Mann an den Reglern an, als er einen Remix von Cheb Mami laufen lässt. Als sie plötzlich eine Hand auf ihrem Rücken spürt, fährt sie herum. Ein Mann lächelt sie an. Gebräunt, den Kragen des Hemdes hochgestellt, er will mit ihr tanzen. Seit dem Morgen ist sie unterwegs. Erst draußen in Bordj-El-Kiffan im Schwimmbad, jetzt im Triangle. Als der kräftige Bass der Trommeln wieder loswummert, wirft sie die Arme hoch in die Luft und dreht sich zwischen den glitzernden Tops und enganliegenden T-Shirts. Dann bleibt sie stehen. Ihr ist schwindlig. Sie sieht in das Gesicht des Mannes, dessen Hand eben noch auf ihrem Rücken lag. Er zeigt auf ihr Glas, das sie neben dem Mischpult abgestellt hat und hält es hoch, als Zeichen dafür, dass er sie einladen will. Als er zur Theke geht, greift sie nach ihrer Jacke. Sie ist fast die letzte. Ihre Kolleginnen haben sich nacheinander alle verabschiedet.

Der Türsteher schaut ihr hinterher, als sie den Club verlässt und Wahiba anruft. Nichts passiert. Eine Stimme vom Band teilt ihr mit, dass das Netz überlastet ist. Sie geht an den geschlossenen Geschäften im Einkaufszentrum und den Betonsäulen vorbei. Wie hat sie nur so verdammt egoistisch reagieren können, denkt sie. Immerhin ist Wahiba ihre beste Freundin. Sie hätte sich längst melden sollen. Sie mitnehmen sollen. Damit sie auf andere Gedanken kommt. Als Samia erneut ihre Nummer wählt, geht die Mailbox ran. Sie bittet Wahiba zurückzurufen, hört Schritte und dreht sich um. Hinter ihr ist niemand zu sehen. Nur bunte Neonröhren flackern über dem Eingang zum Triangle.

Sie überlegt kurz, ob sie zurückgehen soll, läuft dann jedoch Richtung Ausgang. Mit etwas Glück findet sie am Park ein Taxi. Im Erdgeschoss öffnet sich die schwere Glastür des Einkaufszentrums und ein Wachmann auf einem Schemel nickt ihr kurz zu. Am Diplomatenparkplatz vorbei geht Samia in Richtung Park, sucht in der Handtasche nach Geld und winkt einem Taxi zu, als sie die Lichter sieht. Der Fahrer ignoriert sie. Gebetsformeln sind zu hören, als er mit heruntergekurbeltem Fenster an ihr vorbeizieht. Sie könnte auch bei Wahiba übernachten und nach Sonnenaufgang den Bus nehmen, denkt sie. Es ist nicht weit. Gut ausgeleuchtete Straßen und ein Fußweg direkt an der Présidence und der amerikanischen Botschaft vorbei. Schon in einer halbe Stunde könnte sie neben ihrer Freundin im Bett liegen.

Die Luft schmeckt um die Uhrzeit ungewohnt frisch und sogar etwas salzig. Als Samia schließlich den Tifariti-Park durchquert, hat sie noch immer Musik in den Ohren. In den nächsten Tagen wird sie wieder ins Maison de Couscous oder ins Petit Palais gehen. Sautiertes Gemüse und Kalbfleisch essen. Sie bindet sich die Haare zusammen und geht an einer Autowerkstatt, einem dick ummauerten Botschaftsgebäude und einer Baugrube für eine neue Moschee vorbei, bis sie Wahibas Hauseingang erreicht. Ihre Freundin reagiert nicht auf ihr Klingeln. Aber sie muss zuhause sein. Um die Zeit schläft Wahiba immer. Samia geht in die Backstube auf der anderen Straßenseite, wo gerade das Rolltor hochgezogen wird, und kauft ein Stück Zitronentorte mit einer Haube aus angeröstetem Sahnebaiser. Sie ist hungrig und beißt gleich hinein. Wieder im Hauseingang streicht sie über das Klingelbrett, drückt auf alle Knöpfe und wartet, bis es summt und sie die Tür öffnen kann. In der zwanzigsten Etage klopft sie an Wahibas Wohnungstür und steht kurz darauf zwischen Scherben und zerbrochenen Tellern.

Die Matratze steht im Schlafzimmer hochkant an der Wand und ist der Länge nach aufgeschlitzt. Die flachen Stoffkisten voll mit Unterwäsche und T-Shirts sind ausgekippt. Der Flakon mit dem Lavendelöl, das Stück Duftseife aus Marseille. Alles liegt auf dem Boden. Durchwühlt. Die Jalousie aus dunklem Holz hinuntergerissen. Samia sieht zur Wand. Die Fotos fehlen. An der Place Audin, vor der Grande Post oder in den Bergen bei Chréa. Picknickdecke, Verwandtschaft. Blauer Himmel. Freunde. Jetzt nichts mehr. Einzelne Reißzwecken hängen noch in der Wand, andere sind runtergefallen.

Wahibas Laptop ist verschwunden. Nur das Ladegerät, liegt noch auf der Fensterbank. Die Wohnung ihrer Nachbarn in der ersten Etage hat genauso ausgehen. Nach dem Anschlag vor fast zwanzig Jahren.

Ein Einbruch, bei Allah, vielleicht ein Einbruch, beruhigt Samia sich. Aber wo ist Wahiba? Ist sie hier gewesen, als es passierte? Ihre Knie zittern. Liegt sie irgendwo im Gestrüpp des Tifariti-Parks?

Im Badezimmer ist der Spiegel zertrümmert, der kleine

Schrank aus der Wand gerissen. Tiegel mit Hautcreme, Bürsten und Handtücher sind über den Boden verstreut. Samia dreht sich um, sieht die Schriftzeichen. Auf die Fliesen an der hinteren Wand geschmiert.

Wir kriegen dich. Wir wissen, wo du bist.

So hat es bei ihrer Schwester angefangen. Anonyme Drohungen, die sie immer als schlechten Scherz abgetan hatte, bis es zu spät war.

Es muss jemand bemerkt haben. Die Nachbarn, der Hauswart. Doch keiner hört was, sagt was. Wie damals.

Sie geht zum Sofa, fährt mit der Hand über die Lehne. Auch hier sind die Kissen aufgeschnitten. Der Schaumstoff liegt in Fetzen in den Ecken.

Die blauen Aktendeckel der Ordner sind aufgeschlagen. Die Seiten rausgerissen. Alles, was sie Wahiba heimlich für die verdammte Recherche mitgebracht hatte. Die Liste mit den Namen. Die Bauzeichnungen. Die Hinweise, die sie in der Firma über Matoub und das Projekt im Osten der Stadt hatte finden können. In den Unterlagen steht auch Samias Name. Jeder wird sofort wissen, dass sie ihrer Freundin die Papiere beschafft hatte.

Sie geht rückwärts, bis sie an den Türrahmen stößt und an der offenstehenden Tür hinabsinkt. Hektisch sucht sie in der Handtasche nach dem Handy. Wahiba muss aufhören. Sofort. Bevor noch mehr passiert. Als sie endlich die Stimme ihrer Freundin hört, will sie am liebsten losschreien. Aber es ist nur die Mailbox.

Sie kann nicht hierbleiben, denkt sie. Nicht hier. Sie kehrt zum Aufzug zurück. Neben der Haustür stehen Männer und diskutieren. Sie tragen Arbeitskittel voller Öl- und Farbflecken. Abseits ein einzelner Mann. Tätowiert und muskulös. Sie wendet den Blick ab und starrt zu Boden.

Langsam geht sie am Haus vorbei und steigt den Fußweg hinab Richtung Innenstadt. Drückt sich an verschleierten Frauen und Kindern vorbei. Ganz ruhig. Immer nur einen Schritt vor den anderen.

Am unteren Ende der Treppe erreicht sie die Didouche Mourad. Ein Polizist in blauer Uniform und weißen Handschuhen regelt den Verkehr, gibt immer wieder kurze Signale mit der Trillerpfeife. Hinter ihr hohe Bürohäuser, Cafés und gestresste Passanten. Einer drückt sich an ihr vorbei und stößt sie fast um, ohne um Entschuldigung zu bitten. Sie muss husten, als sie die Abgase und den Staub einatmet.

Die Papiere sind weg, denkt sie erneut. Ihre Privatadresse befindet sich hinten. Unter der Auflistung der Mitarbeiter. Sie überquert die Hauptstraße. Der Aufgang zum Büro ist unter bunt leuchtenden Neonröhren versteckt, direkt neben einem Geschäft für arabische Sitzkissen.

Vergiss sie, denkt sie, als sie im Schaufenster des Nachbargebäudes das Logo der Air France sieht. Wenn das hier vorbei ist, setzt Wahiba sich in ein Flugzeug nach Berlin und hat nichts mehr mit alldem hier zu tun. Dann lebt sie in Europa. Wie nach einem langen Urlaub am Mittelmeer. Und ich bleibe zurück, denkt sie. Wie damals. Sitze hier fest und kann nur hoffen, dass alles gut wird.

Die Adresse meiner Familie, denkt sie erneut. Wie damals. Mit welchem Recht setzt Wahiba ihr Leben aufs Spiel? Sie muss jetzt an sich denken, sagt sie sich. Nur noch an sich.

UNTER DEN NASSEN PLANEN schauen Stiefel hervor. Eine Zumutung des Generalstabs, ihn ins Hinterland zu schicken. Zum Ausputzen von Fehlern, die andere begangen hatten. Immer das gleiche Szenario. Weil sie sich selbst zu schade waren und sich auf den Lorbeeren ihres Krieges gegen Frankreich ausruhten.

Er zieht die erste der zwölf Planen beiseite und blickt in das Gesicht eines Bekannten aus der Militärakademie Cherchell. Jahrgang 1965. Dieselben Vorlesungen, die identischen Sandkastenspiele mit syrischen und ägyptischen Offizieren. Ein glatter Schnitt ist quer durch die Kehle des Mannes gezogen. Ihm war zugute zu halten, dass er für seine Fehler bezahlt und sich nicht in seinem Gefechtsstand in Tikjda eingebunkert hatte.

Er lässt die Plane wieder sinken und winkt die Männer in den blauen Kitteln herbei, um die Toten auf einen Pritschenwagen aufzuladen und sie ins Tal nach Bouira zu schaffen. Die Körper müssen obduziert, dann beigesetzt werden.

Einer der Soldaten räuspert sich, hält in den Händen Patronenhülsen eines MG. 12,7 x 99 Millimeter. Der Colonel drückt ihn zur Seite und geht auf einen zerschossenen Kleinbus zu. Neben dem ausgebrannten Wrack bleibt er stehen. Wenn seine Berechnung stimmt, ist das Fahrzeug der Armee vor circa vier Stunden in einen Hinterhalt geraten. Kurz nach Sonnenaufgang. Eine Blendgranate direkt vor die Frontscheibe, dann direktes Feuer aus einem Rückstoßlader, montiert auf eine Drehringlafette. Chikris Männer haben die Ablösung an den Checkpoints massakriert und neben den Waffen auch die Medikamente erbeutet, die für das Feldlazarett an der Straße durch den Forêt de Yakouren bestimmt waren. Spritzen, Mullbinden und frisch eingetroffene Antibiotika. Der Transport hat bewusst in einem zivilen Fahrzeug und auf einer Nebenstraße stattgefunden. Offenbar hatten sich die Islamisten hinter einer Gruppe Felsen versteckt. Mit freiem Blick auf die Straße und die Fluchtroute Richtung Beni Yeni. Jemand musste Ort und Zeit verraten haben.

Er nimmt das Fernglas in die Hand, richtet es auf den Hauptkamm der Djurdjura und sucht die Hänge Spalt für Spalt ab. Nackter Fels. Einzelne Bäume. Dicke Regenwolken. Hin und wieder ein brauner Punkt, der sich zwischen den Überresten des alten Skilifts bewegt. Wahrscheinlich Ziegen oder eine Gruppe Mufflons. Ein Beschuss würde nur Lärm machen und Staub aufwirbeln.

Nationale Versöhnung, denkt er, während er wieder an den Leichen vorbeigeht. Sobald er hier fertig ist, würde er nicht länger dabei zusehen, wie ehemalige Terroristen an ihm vorbei in wichtige Positionen gehoben werden. Dafür hat er nicht die letzten zwanzig Jahre im Feld gestanden, sie in Kasernenkellern und auf umzäunten Exerzierplätzen verbracht.

Als er den Jeep erreicht, wischt er sich die Feuchtigkeit von den Schultern und steigt auf den Beifahrersitz. Während der Fahrt kontrolliert er auf dem Telefon die Nachrichten an ihn. Vor Eintreffen auf der Hochebene hat ihn der diensthabende Geheimdienstoffizier aus Algier angerufen. Ebenfalls ein Kamerad aus Cherchell. Gerüchte über einen verschwunden Soldaten gehen in der Stadt um. Einige der altersschwachen Generäle befürchten, dass sich in den Vororten eine neue Terrorzelle gegründet hat. Es brennt in Algier. Sie würden ihn brauchen. Er würde das Feuer im Keim ersticken. Aber er sitzt im Gebirge fest. Autostunden entfernt. Auf ihren Befehl hin. Es sollte ihm egal sein. Doch das ist es nicht.

Nach zehn Minuten Fahrt durch den Regen erreicht der Wagen den Ortseingang Tikjda. Kastenförmige Bauten mit schiefergedeckten Dächern stehen eng beieinander. Wasser perlt von den schmucklosen Fassaden ab, hat tiefe Pfützen gebildet. Vor dem zentral gelegenen Hotelkomplex parken zivile Fahrzeuge, warten Männer in Mänteln und unter Schirmen. Neben den verwaisten Anlagen des algerischen olympischen Komitees am Rand der Siedlung stehen Schützenpanzer und Dieselgeneratoren.

Als der Wagen stoppt, springt sein Fahrer hinaus und öffnet ihm die Tür zum Gebäude. Der Colonel ignoriert die Wachposten und den Aufgang zu den Büros. Er überquert den Flur und steigt die Treppe in den Keller hinab.

Hinter einer Eisentür liegt ein bärtiger Mann auf einem Bettgestell. Die Augen sind geschlossen. Blut tropft an den Fingern hinab. Die Gliedmaßen sind mit Kabelbindern an den Metallrahmen fixiert. Auf einem Holztisch verschiedene Werkzeuge und ausgerissene Fingernägel. Ein dicker Mann sitzt neben dem Gestell auf einem Schemel, steht auf und salutiert.

»Also?«, fragt der Colonel, während er eine Nachricht in das Telefon tippt. Die Sache in Algier lässt ihm keine Ruhe.

»Nichts, mon Colonel.« Der Dicke tritt einen Schritt nach hinten.

»Abfahrt in einer halben Stunde«, sagt der Colonel, während er weiter in seine Nachrichten vertieft ist. »Ich habe nicht vor, unseren Gast mitzunehmen.«

Der Dicke greift nach einer Eisenstange und erhitzt die Spitze im Feuer einer Lötlampe.

»Frag ihn, ob er zu den Benmansours gehört.«

Vor einem leeren Aktenschrank bleibt der Colonel stehen. »Und zeig ihm, dass wir wissen, dass er in Ain Taya vor der Moschee gesehen wurde. In Hammam Righa kurz vor dem Angriff. Und heute früh in Tikjda. Wenn er nicht will, dass wir seine Familie besuchen, soll er antworten.«

Als der Gefesselte im Hintergrund zu schreien beginnt, erreicht ihn eine weitere Nachricht aus Algier. Seine Leute haben einen Verdächtigen festgenommen.

Erst als er die Uniformmütze wieder aufsetzt, fällt ihm auf, dass der Gefangene aufgehört hat zu schreien.

WAHIBA LIEGT UNTER DER DECKE und bewegt sich nicht. Draußen hört sie das Kreischen von Kindern und das Wummern eines Presslufthammers. Sie wartet ab, bis der Lärm abklingt, steht auf und faltet die Decke zusammen. Es ist kurz nach zehn. Sie hat schlecht geschlafen. Der Husten und die Erinnerung an die tote Frau haben sie gequält. Als sie unter der Dusche steht, klopft es an der Tür. Sie dreht das Wasser ab und lauscht. Auf Zehenspitzen reckt sie sich zum Außenfenster aus Glasbausteinen, erkennt aber nur schemenhafte Bewegungen.

Sie trocknet sich ab, geht in der kleinen Wohnung auf und ab und sucht ein Radio oder einen Fernseher. In den Schränken stehen nur Kaffeepulver und etwas Zucker. Schließlich zieht sie sich an, tritt auf die Straße und lässt die Eisentür hinter sich ins Schloss fallen.

Ein Bagger hebt auf der anderen Seite der Fahrbahn eine Grube aus. Schulkinder in weißen Kitteln stehen daneben und werfen mit Steinen auf vorbeifahrende Lastwagen. Wahiba geht zu einem Marktstand direkt neben einer Moschee und drückt dem Verkäufer fünfhundert Dinar für einen Hidjab und eine weite Stoffhose in die Hand.

An einem Münztelefon bleibt sie stehen und ruft Tarik an. Niemand hebt ab. Während sie versucht, sich an Yasmins Telefonnummer zu erinnern, sieht sie den Bus Richtung Innenstadt, der neben der Baugrube stoppt. Ein paar der Kinder steigen zusammen mit tief verschleierten Frauen unter einem Dschador ein. Sie rennt los, erreicht ihn, bevor er losfährt, und nimmt auf der Rückbank Platz.

Nach zehn Minuten hält der Bus auf dem Seitenstreifen der Stadtautobahn. Auf Höhe der Ausfahrt Belcourt ist ein Kontrollposten der Armee aufgebaut. Uniformierte gehen mit elektronischen Messgeräten um das Fahrzeug herum. Als ein Soldat den Bus betritt, zieht Wahiba das Kopftuch tiefer ins Gesicht. Ihr Presseausweis, ihr Pass, ihr Führerschein. Alles ist verlorengegangen.

Der Soldat schreitet den Gang zwischen den Sitzen ab, kontrolliert stichprobenartig die Pässe, ermahnt die Frauen ohne Hidjab, die Gebote Allahs zu befolgen, und befiehlt allen auszusteigen. Wahiba stellt sich neben den Bus. Auf der Straße staut sich der Verkehr in mehreren Reihen hinter ihnen. Drinnen beschimpft der Soldat ein unverschleiertes Mädchen, das sitzengeblieben ist und den Kopf gesenkt hält.

Als er ihr unvermittelt ins Gesicht schlägt, kreischen die Frauen auf. Mehrere beginnen lautstark zu protestieren und klopfen von außen gegen die Scheiben. Wahiba nutzt den Moment der Unruhe, schlüpft hinten am Bus vorbei und geht über den Standstreifen zurück in Richtung Ausfahrt. An einer Stelle, an der sich ein Loch in der Leitplanke befindet, rutscht sie die Böschung hinab und verschwindet zwischen den Häusern.

Polizeiwagen mit Blaulicht rasen an ihr vorbei. Vor einem Haus kommt es zu einem Massenauflauf. Männer in Trainingsanzügen, Überwürfen und Fußballtrikots stehen vor einem Gebäude. Neben der Außenwand parkt ein Mannschaftsbus mit vergitterten Scheiben. Soldaten mit kugelsicheren Westen und Maschinenpistolen drücken Passanten zur Seite. Aus den Fenstern ihrer Wohnungen beobachten die Nachbarn das Geschehen. Wahiba schnappt Wortfetzen auf. Zwei Leichen offenbar. Einige wollen Schüsse gehört haben, andere nicht.

Sie schiebt sich an den Menschen vorbei, weg von dem Gebäude. Als ein weiterer Polizeiwagen mit laufendem Blaulicht vorfährt, gerät die Menge in Bewegung. Wahiba wird zur Seite gedrängt, stolpert und hält sich an den Schultern einer alten Frau fest, die neben ihr steht.

Sie murmelt eine Entschuldigung, will weitergehen, als sie den Griff der Frau an ihrem Oberarm spürt. Die Augen der Alten sind zusammengekniffen. Sie stiert an Wahiba vorbei auf die die Absperrung. Dann wieder in Wahibas Gesicht.

Bevor Wahiba reagieren kann, streicht ihr die Frau über den Hidjab und zieht sie mit sich. Sie überqueren die Brache neben dem Gebäude. Die alte Frau öffnet hinter einem zentralen Treppenaufgang eine Eisentür, die in ein winziges Zimmer führt. Der Fußboden besteht aus nacktem Beton. In der Ecke liegen abgewetzte Teppiche. An der Wand ein hochgestelltes Bett und ein Stromzähler. Auf einem Tisch neben der Spüle eine Schüssel mit geputztem Gemüse. Daneben ein Stück rohes Fleisch.

»Du hast Angst«, sagt die alte Frau und stellt den Korb auf dem Fußboden ab, fängt an, das Gemüse in Stücke zu schneiden und dicke Fliegen wegzuscheuchen. »Wieso?« Erst jetzt richtet sie den Blick wieder auf Wahiba. »Hast du was gesehen?«

Sie nimmt ihr Kopftuch ab. »Warum hast du solche Angst?«

Wahiba lässt den Blick über die Wände gleiten. »Ich sehe es dir an. Die da draussen haben dich unruhig gemacht. Was weisst du? Du weisst doch was? Was? Du hast gesehen, was wirklich passiert ist.«

»Hadja, ich weiss nicht, was du von mir willst.«

»Ich will wissen, was passiert ist. Wie es passiert ist.«

Als sie aufsteht und auf die Tür zugeht, wischt die Frau mit dem Messer nach ihr und stösst dabei die Schüssel um. Steckrüben und Kartoffeln fallen zu Boden. Als Wahiba die Tür erreicht, lässt die Frau die Klinge verschwinden und schlägt von innen zu.

Niemand ist in der Seitenstrasse zu sehen. Wahiba stellt sich in einen Seiteneingang, verdeckt ihr Haar erneut unter dem Hidjab und kehrt zur Hauptstrasse zurück. Der Menschenauflauf hat sich aufgelöst. Ein Krankenwagen mit verspiegelten Scheiben parkt an der Kreuzung. Männer in Uniform stehen daneben und sehen dabei zu, wie Sanitäter zwei Särge aus der Wohnung tragen und in den Wagen schieben.

Sie geht weiter und steigt nach ein paar Minuten eine Treppe zu einem grossen Parkplatz hinab. Neben der Baustelle für die U-Bahn stehen Sammeltaxen, die quer durch die Stadt bis ins Zentrum fahren. An einem Kiosk kontrolliert sie die Schlagzeilen und nimmt ein paar der Zeitungen mit, bevor sie mit dem Fahrer spricht. Als er sie zum Einsteigen auffordert, faltet sie noch eines der Blätter auseinander. Auf Seite zwei bleibt ihr Blick an einer dick gedruckten Überschrift hängen. Grosse Zeremonie zur Gründung eines Konsortiums mit einem internationalen Investor. Unterzeichnung gegen zwölf. In weniger als einer Stunde. Fayçal muss sie unbedingt in die Veranstaltung reinbringen, denkt sie. Schließlich ist sie die Einzige, die Fragen auf Deutsch stellen kann.

VOR DER EINGANGSKONTROLLE zum Staatsgästehaus El-Mitak diskutiert eine Frau mit Diktiergerät und Kopftuch händeringend mit den Soldaten und wedelt mit einem Presseausweis. Junge Männer mit Digitalkameras und Notizblöcken fotografieren gepanzerte Limousinen, die an ihnen vorbeirauschen und hinter einer Absperrung im Inneren des Komplexes verschwinden.

Wahiba drückt sich an der Gruppe vorbei und versucht, bis ans Gitter zu kommen, wird aber von einem Soldaten zurück auf die Straße gedrückt. Bevor sie protestieren kann, dreht sich der Soldat zu einem der Fotografen und schlägt ihm die Kamera aus der Hand. Als der Fotograf um Hilfe ruft, prügeln die Soldaten auf ihn ein. Eine Frau mit einer Fototasche wird ebenfalls zu Boden gedrückt. Zwei der übrigen Journalisten ziehen ihren verletzten Kollegen zur Seite, die anderen fliehen oder schießen Aufnahmen aus sicherer Entfernung.

Wahiba nimmt ihr Kopftuch ab und spricht einen der unbeteiligten Wachen auf Deutsch an. Er blickt ihr verwirrt ins Gesicht. Als sie die Rohrbach AG und den Namen der Veranstaltung aus dem Zeitungsartikel erwähnt, bittet er sie zu warten und rennt an den anderen Soldaten vorbei in den in Unterstand am Eingang zu dem ummauerten Komplex.

Fayçal erscheint im Eingang. Er setzt seine Brille ab, lächelt breit und winkt sie zu sich. Einem der Soldaten neben dem Tor macht er ein Zeichen. Sie lässt ihre Sachen durch einen Metalldetektor gleiten und geht mit ihm durch den Park zum Eingang des El-Mitak.

»Mais voilà, meine Kleine«, sagt er und legt die Hand um ihre Hüfte. »Hatte schon befürchtet, dass du dich nicht blicken lässt. Kein Mensch wusste, wo du dich rumtreibst. Heute brauche ich dich wirklich.«

Wahiba murmelt ein paar Worte über familiäre Probleme, während Fayçal seinen Kopf zur Seite dreht, ins Handy spricht und ihr beiläufig eine bunt bedruckte Einlasskarte in die Hand drückt. »Unterhalte dich mit den Geschäftsleuten und mach was draus. Ich kümmere mich um die Offiziere«, sagt er.

Im Foyer des El-Mitak warten Männer mit Anzug und Krawatte, hochdekorierte Offiziere und Militärattachés aus den Nachbarstaaten. Kellner in weißen Jacketts tragen Tabletts durch die Menge, servieren Säfte und Häppchen. Als Fayçal einen grauhaarigen General erkennt, lässt er Wahiba los und geht mit ausgebreiteten Armen auf ihn zu. Sie tauschen Wangenküsse aus und verschwinden im Getümmel. Sie sieht sich um und zögert, als ein Kellner ihr ein Glas Saft anbietet. Der lange Marsch durch die Stadt hat sie durstig gemacht und sie bittet ihn, ihr etwas Wasser zu bringen. Als er sich entfernt, nähert sie sich einer Gruppe von drei Männern, die vor einer Fensterfront stehen. Ein jung aussehender Mann mit randloser Brille und hellen Haaren spricht auf Deutsch über die Vorteile seines Unternehmens. Sie faltet den mitgenommenen Zeitungsausschnitt auseinander und vergleicht den Mann mit dem Foto auf der Titelseite.

Dr. Alexander Rohrbach. Er stammt aus Göttingen und betont in dem Artikel den für die Weltwirtschaft notwendigen Zugang zum arabischen und zum afrikanischen Markt. Seine Investitionen sollen Algerien voranbringen, betont er. Kein Wort darüber, dass er einen Großteil der Gewinne abschöpfen wird, denkt sie. Die Hymne auf ihn ist von Fayçal verfasst worden. Rohrbach als kluger Kopf einer großen Familie, als erfolgreicher Geschäftsmann auch im asiatischen Raum und als Sammler holländischer Maler aus dem 17. Jahrhundert. Verheiratet mit einer Frau, die zehn Jahre älter als er aussieht. Ihm Gegenüber ein älterer Mann mit Bauch und einem blauen Einstecktuch. Der zweite einen Kopf größer. Ein Franzose mit dunklen Locken und einem starken Akzent. Beide sind auch auf dem Foto im Hintergrund zu sehen.

Als der Franzose den Bombenanschlag in Hydra erwähnt, kommentiert der Kräftige kopfschüttelnd, dass er von Anfang an gesagt habe, dass hier noch Krieg herrsche. Keine Chance, mit den Kameltreibern stabile Geschäfte zu machen. Er werde das im Aufsichtsrat genauso vertreten. Rohrbach hebt abwehrend die Hände und entgegnet, dass alles unter Kontrolle sei. Woraufhin der Franzose ihm auf die Schulter klopft. General Boudjala persönlich habe für Sicherheit gesorgt, betont Rohrbach nochmals. Sein Blick streift Wahiba. Sie muss ihm aufgefallen sein. Der Kräftigere lässt ihm nicht viel Zeit zum Nachdenken und widerspricht ihm. Sein Fahrer habe berichtet, dass erst heute Morgen in Belcourt eine tote Prostituierte gefunden worden sei. Angeblich habe sie für den Terroristen Matoub gearbeitet. Der sei auch erschossen worden. Ein Unruhestifter weniger.

Wieder haftet Rohrbachs Blick auf Wahiba. Sie dreht sich weg, als auch der Franzose auf sie aufmerksam wird, und fängt den Kellner ab, der sie mit dem Tablett in der Hand sucht. Ihre Hand zittert, als sie hastig trinkt und ein paar Schritte zur Seite geht, um aus Rohrbachs Blickfeld zu gelangen. Als sie sich umblickt, haben die Männer an der Fensterfront das Interesse an ihr verloren.

Morde in Belcourt, denkt sie. Yasmin muss in der Nacht auf eigene Faust zu Matoub gefahren sein. Tarik sucht wahrscheinlich nach ihr. Sie werden auch ihm auflauern. An ihrer Wohnung vielleicht. Belcourt, denkt sie. Die Särge, die verladen worden sind. Warum war sie einfach weitergegangen? Einen Moment verschwimmt alles um sie. Sie denkt an Samia. Sie beißt sich auf die Lippen. Sie muss sie warnen. Samia muss sich fernhalten, darf nicht mit ihr zusammen gesehen werden.

Das Lachen der Männer an der Fensterfront dringt zu ihr rüber. Ein älterer Mann mit Halbglatze und einer Plastikfolie in der Hand tritt zu der Gruppe. Sein Namensschild weist ihn als Radouane aus. Er umarmt Rohrbach, begrüßt den Kräftigen als Monsieur Herrnstadt und beginnt, Witze zu erzählen. Wieder lachen die Männer wie auf ein Zeichen hin. Schließlich bittet Radouane sie, mit ihm nach oben zu kommen, und führt sie zum Aufzug, vor dem der Franzose sich verabschiedet. Wahiba folgt ihnen über eine Freitreppe, an deren Fuß sie einem Soldaten Fayçals Einladungskarte zeigt, ohne ihm ins Gesicht zu blicken.

In der zweiten Etage entdeckt sie Radouane und folgt ihm durch Flure zu einem Konferenzsaal, in den er die Männer offensichtlich geführt hat. Er strahlt, drückt jedem, der ihm begegnet, die Hand und verneigt sich. Der Saal ist gut gefüllt. Silberplatten mit gebratenem Hammel stehen für den Small Talk nach der Vertragsunterzeichnung zur Verfügung. Die handverlesenen Vertreter der Staatspresse sind nur deswegen hier. Sollte sie nicht besser herausfinden, wo Tarik sich auffällt, ihn warnen? Auf einer Bühne an der Seitenfront bauen Männer in Tuaregkostümen Lautsprecher auf. Einer stimmt seine Oud. An der Stirnseite bemerkt sie eine Außenterrasse. Männer in Gebetsgewändern sitzen in einer Ecke. Beim Ältesten halten sich zwei Bewaffnete im Hintergrund auf. Rechts von ihnen spricht Fayçal mit einem Schwarzafrikaner in Uniform. Er hat Wahiba den Rücken zugedreht. Als Radouane Rohrbach mit nach draußen auf die Terrasse nimmt, setzt sich Herrnstadt an einen der Tische und legt Zigaretten und Feuerzeug neben einem Teller ab.

Sie sollte hier verschwinden, sagt sie sich und beißt sich auf die Lippen, bis der Schmerz zu groß wird. Das Bild der Särge drängt sich ihr wieder auf. Warum Yasmin? Warum war sie zu Matoub gegangen? Ausgerechnet zu Matoub. Er kannte die Gefahr. Aber Yasmin?

Überall stehen Soldaten herum. Als gelte es, einen Krieg zu gewinnen. Jeder einzelne könnte sie am Checkpoint oder vor Tagen in Hammam Righa gesehen haben. Vielleicht dauert es nur noch ein paar Minuten und auch sie wird festgenommen. Sie hält nach Tarik Ausschau. Nichts. Warum soll er auch hier sein? Er kann nicht wissen, dass sie hier wartet und zusieht, bis die Gäste vorm Podium Platz genommen haben und der erste Redner sie begrüßt.

Herrnstadt ist allein am kleinen Tisch zurückgeblieben,

als der erste Applaus erschallt. Sie tritt ins Freie und stellt sich ihm in akzentfreiem Deutsch als Assistentin des Direktors des Staatsgästehauses vor. Ob sie ihm nicht in der Zwischenzeit behilflich sein könne, fragte sie.

Herrnstadt blickt sie erst verwirrt an, dann lächelt er und bittet sie, Platz zu nehmen. Eine ausgesprochen hübsche Assistentin habe man ihm da vorenthalten, sagt er. Offensichtlich wolle sein Kollege Rohrbach sie vor ihm verstecken. Während sein Blick an ihr hinabgleitet, lässt er einen Kellner zwei Gläser bringen und ergänzt, dass die Sache ohne ihn sowieso nicht funktioniere. Er könne also warten, bis jemand bemerken würde, dass er auch da sei. Rohrbach habe schon in Saudi-Arabien ein Geschäft gegen die Wand gefahren und hier eine miese Quote ausgehandelt. Herrnstadt blickt sie an, als erwarte er eine Erwiderung. Deshalb sei er stellvertretend für den Aufsichtsrat dabei, um nach dem Rechten zu sehen. Ob Rohrbach das nie erwähnt habe? Wahiba lächelt freundlich zurück und sagt, dass sie sich gewundert habe, warum er nie bei den Vorverhandlungen dabeigewesen sei. Dass Rohrbach hier in der Presse groß gefeiert werde und Herrnstadts Name nicht mal erwähnt würde. Sie habe gedacht, er lege keinen Wert darauf. Wenigstens auf dem Foto sei er ja drauf, sagt sie und wirft einen Blick zum Podium rüber, auf dem der erste durch den zweiten Redner ersetzt wird. Herrnstadt beugt sich zu ihr. Rohrbach solle sich auf seine Stimmenmehrheit bloß nicht zu viel einbilden, sagt er. Das könne sich ändern, wenn der Aufsichtsrat die Lage anders bewerte. Rohrbach und Radouane sind verschwunden. Fayçal steht abseits, nimmt sie an Herrnstadts Tisch wahr und nickt. Der Abschluss sei für alle ein Gewinn, sagt sie zu ihrem Tischnachbarn. Er zweifle doch nicht an dem Projekt, oder?

Herrnstadt wischt sich die Finger an der Tischdecke ab und schiebt ihr eine Visitenkarte über den Tisch. Die ganzen Bomben, die Irren da draußen. Wie könne so ein süßes Mädchen das eigentlich aushalten? Wolle sie hier nicht auch raus? Wie all die anderen?

Algerien habe die Terrorjahre, die décennie noire, hinter sich gelassen, sagt Wahiba. Kein Grund, sich Sorgen zu machen. Auch nicht für jemanden, der hier lebe.

Mit einem angewiderten Gesichtsausdruck stellt Herrnstadt sein Glas auf den Tisch zurück. Er könne diese Beschwichtigungsformel nicht mehr ertragen. Bloß, weil alle so ein schlechtes Gewissen hätten. Dahinten säßen doch die Gottesanbeter bereits in den Startlöchern. Was sollten die noch gleich bekommen? Über dreißig Prozent? Er zeigt auf eine Gruppe Männer in Gebetsgewändern. Die Sache sei eindeutig. Was auch immer Rohrbach im Hintergrund abziehe, um die Islamisten einzukaufen. Das gehe am Ende schief. Da müsse bei ihm noch viel Überzeugungsarbeit geleistet werden. Von einer Veranstaltung wie dieser hier lasse er sich nicht blenden.

Sein Gesicht nähert sich ihrem und er fragt flüsternd, ob sie auch von dem Mord in Belcourt gehört habe? Sie wisse schon. Den von heute früh. Ein Terrorist weniger. Ein gewisser Matoub. Und seine Nutte. Das nenne man hier wohl für Ordnung sorgen oder Kapital absichern. Er lacht, schüttelt den Kopf und wechselt das Thema. Woher sie denn so gut Deutsch beherrsche, will er von ihr wissen und seine Hand wandert auf ihr Knie.

Wahiba tut so, als müsse sie jemanden begrüßen, und steht auf. Herrnstadt ruft ihr hinterher, fragt sie, ob sie nicht am Abend Zeit habe? Irgendwas Nettes, wo man sich treffen könne, müsse es doch auch hier geben. Sie legt einen Zeigefinger an die Lippen, tippt auf die Uhr, zeigt acht Finger und winkt genau in dem Moment mit seiner Visitenkarte, als das Licht abgedunkelt wird und General Boudjala auf die Bühne tritt. Der Applaus schwellt euphorisch an, als er die Vertragsunterzeichnung verkündet und bekanntgibt, dass der Präsident am Tag der Unabhängigkeit den Grundstein für eine glorreiche Zukunft Algeriens legen werde.

Wahiba fährt zusammen. Sie glaubt, Tarik gesehen zu haben. Durch eine Seitentür strömt eine Gruppe von Journalisten in den Raum. Genau dort hat er gestanden. Das Blitzlichtgewitter blendet sie kurz, dann zwingt sie sich, mitten durch die Vertreter des Staatsfernsehens und der staatlichen Zeitungen auf die Stelle zuzugehen. Radouane und Rohrbach posieren inzwischen auf der Bühne für die Fotografen und schütteln sich inmitten von Zurufen die Hände. Boudjala lächelt den Männern in den Gebetsgewändern zu, die steinern so tun, als wären sie gar nicht anwesend. Als der General den Journalisten befiehlt, die Aufnahmen zu beenden, hat sie die Tür erreicht, an der sie Tarik ausgemacht hat. An ihr vorbei drängeln sich die ersten Journalisten nach draußen zurück. Am Ende des Gangs macht sie Fayçal aus, der ihr zuwinkt. Doch bevor sie zu ihm gehen kann, packt sie jemand am Unterarm.

MAHMOUD STARRT AUF DIE Fotografie auf seinem Schreibtisch. Er ist nur für einen Augenblick am Kaffeeautomaten gewesen und hat die Tür zu seinem Büro offengelassen. Wahibas Profil in Schwarz-Weiß. Im Hintergrund die Fahnenmasten des Ministeriums und die Wachen. Sein eigenes Gesicht ist größtenteils abgeschnitten. Das Papier glänzt im Schein der Bürobeleuchtung. Der Abzug muss frisch sein.

Er steht auf und blickt über den Flur. Schreibmaschinen klackern. Der Abteilungsleiter ruft der Sekretärin etwas hinterher. Die Luft steht. Er ist fünf Jahre nach seinem Bruder an einem Herbsttag des Jahres 1955 geboren worden. Er sieht sich noch immer in der dritten Reihe einer kleinen Grundschule sitzen und mühsam arabische Buchstaben üben. Ihn haben die Bücher interessiert. Sein Bruder war da anders gewesen. Er hat während des Unabhängigkeitskampfs in der Parteijugend der Front de Libération Nationale mitgemacht. Bespitzelung von Nachbarn, revolutionäre Gesänge, Schmierereien von Parolen und Botengänge mit geheimen Einsatzbefehlen.

Mahmoud steckt die Aufnahme in einen Umschlag, geht ins Büro eines Kollegen und fragt, ob er das Telefon für eine Stunde auf ihn umstellen kann. Der Mann blickt nicht auf und nickt kurz. Mahmoud verlässt das Gebäude, steigt in den Wagen und fährt zu seiner Wohnung. Er schlägt auf die Armaturen, bis die Klimaanlage anspringt, greift nach dem Telefon und versucht, während der Fahrt Wahiba zu erreichen. Das muss alles ein Missverständnis sein, denkt er, ahnt aber, dass er sich selbst belügt. Es gibt keine Zufälle, keine Missverständnisse. Nicht in Algier.

Ihre Eltern sind in der Kolonialverwaltung angestellt gewesen. Die Mutter als Putzfrau bei der Bauaufsicht von Alger-Centre, der Vater als Fahrer für das Gewerbeaufsichtsamt von Château d'Eau. Seine Mutter hatte nie ein böses Wort über die Franzosen verloren und möglicherweise bis zu ihrem Tod nicht verstanden, was da alles in den Jahren 1954 bis 1962 passiert war. Der Vater von Beginn an ein Spitzel für die Front de Libération Nationale. Gegen Ende der Schlacht um Algier hatte er es sogar fertiggebracht, zwei hohe französische Beamte an eine mit der FLN vereinbarte Straßenecke in Mustapha Supérieur zu fahren. Dort waren Kämpfer der Partei zugestiegen und hatten die beiden erstochen. Ihr Vater durfte zum Dank den Wagen behalten, ihn bis zum Ende der Kolonialherrschaft auf dem Land in einer alten Scheune verstecken. Nach der Unabhängigkeit bekam er eine Stelle im Verteidigungsministerium. Wieder als Fahrer. Diesmal für algerische Offiziere.

Vor einem Wohnblock lässt Mahmoud den Warnblinker laufen und geht die Stufen ins Souterrain hinab. Im Nachtschrank steckt zwischen französischen Illustrierten und Bildbänden über Budapest alles, um was Hamoud Benmansour ihn immer gebeten hat. Die ganze Dokumentation, die Mahmoud heimlich zusammengetragen hat. In den Alben seiner Familie. Hinter den Fotos. Sie hatten ständig sowjetische, palästinensische und jugoslawische Delegationen zu Gast, mit denen sie bis an den Rand der Sahara fuhren. Sein Bruder hatte die Sache der Polisario gegen den kolonialistischen Kleinkönig aus Marokko verteidigt. Und er selbst? Er hatte irgendwann geheiratet, den Vater zu Grabe getragen, eine kleine Wohnung in der Nähe des Forêt de Bainem bezogen, zwei Kinder bekommen, in der Personalverwaltung des Ministeriums gearbeitet, gegrillten Fisch am Hafen gegessen und Fahrten raus nach Tipaza unternommen.

Nichts hält ewig. Er streicht mit den Fingerkuppen über ein Foto von seinem Bruder und sich. Und dennoch wollten sie beide im Winter 91/92 den Ernst der Lage nicht sehen, als das Militär den Abbruch der demokratischen Wahlen erzwungen hatte. Natürlich war ihnen aufgefallen, dass das Angebot in den Lebensmittelgeschäften knapp geworden war. Dass Benzin rationiert wurde. Heute sagte Mahmoud sich, dass sie einfach zu früh aufgegeben hatten.

Richtig realisiert hatte er die Gefahr erst, als die Bombe in der Abflughalle des Internationalen Flughafens explodiert war. Sein Bruder hatte schnell reagiert. Über sein Studium und die Arbeit für die Sonatrach besaß er genügend Kontakte und Einflussmöglichkeiten, um für sich und seine Familie Flugtickets nach Berlin zu bekommen. Über Nacht waren sie weg gewesen. Während er und seine Familie in Algier festsaßen.

Mahmoud blättert das Album durch und bleibt an einem Foto seines Bruders am Gendarmenmarkt hängen. Die Männer neben ihm kennt er nicht. Je länger sein Bruder in Berlin geblieben war, umso schwieriger wurde das Verhältnis zwischen ihnen. Umso stärker wurden ihre Unterhaltungen von politischen und religiösen Fragestellungen überlagert. Sein Bruder hatte völlig den Bezug zum Leben in Algier verloren, begann, auf die islamische Substanz Algeriens zu pochen.

Mahmoud wischt die Alben wütend vom Tisch. Er könnte schreien. Wenn er das jemals in seinem Leben getan hätte. Das Verhältnis zu seinem Bruder war an jenem Tag zerbrochen, an dem sein Bruder ihn bat, Hamoud Benmansour bei der Suche nach mutmasslich getöteten Terroristen zu helfen. Auch gegen Abdelkader Mekhrid sollte Mahmoud heimlich ermitteln. Offenbar war sein Bruder noch einmal in Algerien gewesen. In den späten 90ern. Das hatten wenigstens die Benmansours erzählt. Natürlich hatte er sich nicht bei ihm gemeldet. Seit der nächtlichen Flucht aus Algier und seinem Tod in Berlin hatte Mahmoud ihn nie wieder zu Gesicht bekommen. Ihr Vater ist ein Held im Unabhängigkeitskrieg gewesen, weil er genau wusste, auf welcher Seite er zu stehen hatte.

Wirklich leid tut es ihm nur um Wahiba, denkt Mahmoud. Ein bildhübsches und gescheites Mädchen. Und genauso verbohrt wie ihr Vater. Er hatte sich immer eine Tochter gewünscht. Vielleicht hatte er ihr auch deswegen immer wieder geholfen. Auch bei der Rückkehr nach Algier. Es hatte sich gut angefühlt, in die Rolle des Familienoberhauptes zu schlüpfen. Was ihn nun umso härter trifft, weil er sich die Schuld gibt, dass sie sie alle in Gefahr bringt.

Mahmoud rennt zurück zum Wagen, wählt erneut Wahibas Nummer. In der Wohnung. Auf dem Handy. In der Redaktion. Bei Samia. Nichts. Auf dem Beifahrersitz liegt das Foto aus dem Büro. Er ist auf der Aufnahme kaum zu erkennen. Trotzdem weiß er, was diese Nachricht zu bedeuten hat.

Die Straße in Richtung des Aérohabitat ist verstopft. Keine Chance, zu ihrer Wohnung durchzukommen. Er weicht dem Stau aus, biegt in die Seitengasse zur Redaktion ein und stellt den Wagen schräg zwischen zwei Müllcontainern ab. Am Empfang erklärt man ihm, dass Wahiba mit dem Chef unterwegs sei, aber sicher gleich ins Büro komme. Fayçal habe in einer halben Stunde eine Besprechung anberaumt. Mahmoud wartet ab, dass die Empfangsdame im Nebenraum verschwindet, drückt dann beide Umschläge in Wahibas Postfach.

Vor dem Gebäude kontrolliert ein Uniformierter das Nummernschild seines Wagens. Ein zweiter diskutiert mit einem blockierten Lastwagenfahrer und scheucht die hinter ihm einbiegenden Fahrzeuge weg. Mahmoud zieht sich in den Hauseingang zurück. Eine Routinekontrolle, versucht er sich zu beruhigen. Vielleicht wegen einer Bombendrohung. Wäre ja nicht die erste gegen La Raison.

Ein sanfter Wind empfängt ihn auf der Straße. Am Horizont zeichnen sich die Ausläufer des Atlasgebirges ab. Davor die monumentale Silhouette des Mahnmals für die Gefallenen des Unabhängigkeitskriegs.

Mahmoud nimmt das Handy aus der Tasche, spricht Wahiba aufs Band, dass sie sich von der Redaktion fernhalten soll, und dass es ihm leidtue. Was kann ihm schon passieren, denkt er, während er auf ein Geländer klettert und das Handy in einem Schacht verschwinden lässt. Eine Kürzung der Pension vielleicht. Mehr hat er nicht zu verlieren. Außer Wahiba vielleicht.

DIE GISCHT SPRITZT AN DEN Wellenbrechern aus Betonquadern in die Höhe und prasselt auf den gepflasterten Fußweg des Club des Pins. Der Colonel wirft seine Zigarette zu Boden, blickt zu den ankommenden Fahrzeugen und geht zur Einfahrt eines der Häuser direkt am Meer. Seit Stunden lässt ihn Boudjala hier draußen warten. Den Jahrgangsbesten an der Akademie, der, so lange er lebt, von Stolz erfüllt ist, wenn im Morgenlicht die algerische Fahne gehisst wird. Nicht einmal zu der verlogenen Zeremonie im El-Mitak hatte er ihn eingeladen. Wahrscheinlich, um zu verhindern, dass er mit der ausländischen Delegation spricht und die Stimmung verdirbt.

Als eine Fahrzeugkolonne aus der Innenstadt vor dem weitläufigen Gebäude zum Halten kommt, erscheint Boudjala an der Tür und bittet die Ankommenden hinein. Er trägt eine Ausgehuniform mit allen Sternen und Auszeichnungen der letzten vierzig Jahre, schüttelt erst den Männern in den Gebetsgewändern die Hand und verteilt dann Wangenküsse, bevor er die anderen Generäle hineinbittet. Nach ein paar Minuten tritt ein Diener aus dem Haus und winkt den Colonel zum Eingang. Man habe ihn bedauerlicherweise übersehen, er möge im Vorraum warten, richtet er ihm aus.

Als der Colonel den Flur betritt, empfängt ihn Chaabi-Musik. Die Wände sind mit goldgelbem Stoff überzogen.

Unter orientalistischen Gemälden stehen geschnitzte Figuren aus Elfenbein. Er drückt dem Hausdiener seine Uniformmütze in die Hand und schiebt den Vorhang zum Innenraum zur Seite. Boudjala steht mitten im Saal und spricht mit einem der Männer in einer prachtvollen Djellabah. Ausschließlich Männer, die untereinander algerischen Dialekt oder Französisch sprechen. Darunter auch der Bauunternehmer Radouane.

Der Colonel erkennt das Profil des Mannes neben Boudjala und zuckt zusammen. Chikri steht keine zehn Meter von ihm entfernt. Mit zurechtgestutzten Kinnbart und Glatze. Ein Verräter, der schon vor dreißig Jahren eine Gruppe algerischer Moudjahid nach Afghanistan begleitet hat. Der als Mitglied der FIS ins Parlament wollte. Ein Salafist. Ein Schlächter, ein Verteidiger des Glaubens, der nicht zögert, seine eigenen Leute zu verraten, wenn für ihn etwas abfällt. Noch am Vormittag hat der Colonel bei Tikjda seine Einheit auf Chikris Vernichtung eingeschworen und Befehl erteilt, die Gehöfte und Höhlen rund um Ain El Hammam zu durchkämmen und schwere Waffen einzusetzen.

Als Boudjala den Colonel bemerkt, legt er Chikri eine Hand auf die Schulter und verkündet mit lauter Stimme, dass er leider auch an einem solchen Festtag mit der Unzulänglichkeit seiner Untergebenen zu kämpfen habe. Man möge ihn kurz entschuldigen und den Empfang genießen. Er verschwindet in einem Nebenraum. Der Colonel bleibt am Vorhang zurück und folgt ihm erst, nachdem der Hausdiener ihn dazu aufgefordert hat.

Boudjala sitzt in einer gemauerten Nische unter Stoffbahnen aus orangenem und rotem Brokat. Er hätte 1962 sicher nicht seine Waffen abgegeben und seine Männer in ein ziviles Leben entlassen, wenn man ihm nicht die Position im Ministerium angeboten hätte. Auf einmal ist alles klar. Boudjala hat Radouane und Chikri an einen Tisch gebracht, um seine Vision vom einem Tiefwasserhafen samt Fertigungsstraße und Terminal für die Verschiffung von verflüssigtem Erdgas zu verwirklichen. Im Osten der Stadt, wo sich der Terrorismus eingenistet hat. Der Grund und Boden gehört ihm praktischerweise schon. Es ist die Brache der Familie de Tassily. Jedenfalls zum Teil. Und Chikri besteht sicher darauf, dass er im Gegenzug für Frieden an den Männern Rache üben darf, die in den 90er Jahren seiner Familie Leid zugefügt haben. Deswegen musste auch Abdelkader Mekhrid sterben.

Der Colonel will ausspucken, sich übergeben, seiner Wut lauthals Luft verschaffen. Doch er verzieht keine Miene, während Boudjala darauf wartet, dass er salutiert. Danach erst fragt der General ihn, wieso der Colonel offenbar glaube, hier sein zu dürfen. Bei den vielen Fehlschlägen der letzten Zeit könne er von Glück reden, sich noch in Uniform zeigen zu dürfen. Wie erkläre er sich den Anschlag in Hydra? Den er mühevoll als Unfall habe tarnen müssen. Wie die Berichte über einen im Zentrum der Stadt verschwundenen Soldaten? Warum sei ihm nicht gleich Bericht erstattet worden? Warum diese offensichtliche Schlamperei und das Verbreiten von Lügen, die als solche sogleich zu erkennen seien? Wo stecke Matoub? Vielleicht sei die Beförderung zum Colonel ein paar Jahre zu früh erfolgt. Boudjala lehnt sich zurück, legt ein Bein über das andere und rührt in einem Teeglas. Wenn Matoub in den nächsten vierundzwanzig Stunden nicht gefasst würde, müsse er die Sache womöglich jemandem anvertrauen, der dafür sorgen könne.

Der Colonel schweigt. Von ihm wird nicht erwartet, dass er zu den Vorwürfen Stellung nimmt. Im Nebenraum sitzen nur Veteranen des Unabhängigkeitskrieges. Niemand aus seiner eigenen Generation ist dabei. Ein Eklat zu diesem Zeitpunkt wäre politischer Selbstmord.

Als Boudjala ungeduldig wird, antwortet der Colonel knapp. Die Lage sei unter Kontrolle. Seine Leute hätten am frühen Morgen in Belcourt zwar nicht den Terroristen erschossen, der hinter dem Anschlag auf die Kaserne stecke, aber sie seien ihm auf der Spur, und eine Verhaftung in den nächsten vierundzwanzig Stunden zu erwarten. Mit der Bekanntgabe der Erschießung habe er nichts vertuschen, sondern nur die Presse beruhigen wollen.

Boudjala schüttelt den Kopf und durchbohrt ihn mit einem Blick, der nichts anderes besagen soll, als dass der Colonel nur noch diese eine Chance bekommt. Solange er nicht die Leiche des Terroristen gesehen habe, sagt Boudjala, glaube er nicht an ein Wunder. Schade, dass die paar Extremisten nicht die ausgestreckte Hand der Nationalen Versöhnung ergreifen würden. Alhamdulillah, die große Mehrheit sehe das inzwischen anders und verstehe, dass man am Ende verzeihen müsse.

Zur Vernichtung der Al Qaida au Maghreb Islamique existiere keine Alternative, sagt der Colonel schnell. Das bleibe seine Grundüberzeugung. Dafür würde er sein Leben geben. Obwohl er hergekommen ist, um seine Bedenken gegen die Nationale Versöhnung vorzubringen, ist ihm nun klar, dass eine solche Warnung zu spät kommt. Er hasst

Chikri mehr noch als jeden anderen seiner Feinde. Bei dem Gedanken an den Pakt zwischen Boudjala und Chikri zieht es ihm den Hals zu.

Als habe Boudjala auch diesen seiner Gedanken erraten, stellt er das Glas ab und ergänzt, dass der Prophet ein Mann der Versöhnung und des Friedens gewesen sei. Sure 48. Es gelte, das Land zu einen, nicht zu spalten. Vielleicht müsse er dem Präsidenten notgedrungen personelle Veränderungen vorschlagen. An der Grenze zu Mali gebe es Ärger mit den Tuareg und Bedarf an guten Männern.

Der Colonel salutiert und verlässt den Raum. Im Flur greift er nach der Uniformmütze, geht an den wartenden Chauffeuren, den Pinienbäumen und den Bungalows vorbei Richtung Ausgang.

Ihm bleiben vierundzwanzig Stunden. Mehr nicht. Gerade mal vierundzwanzig Stunden. Er verachtet Boudjala dafür, dass er kein persönliches Risiko mehr eingeht und die Auswüchse der Nationalen Versöhnung herunterspielt. Mit jemandem wie Chikri versöhnt man sich nicht. Den tötet man.

Hinter einem stark bewachten Eisentor stehen die Jeeps, mit denen er aus dem Gebirge gekommen ist. Seine Männer üben Klimmzüge an einem Fußballtor ohne Netz oder reinigen ihre Waffen. Fast alle haben im Kampf gegen die Groupe Islamique Armé, die Groupe Salafiste pour la Prédication et le Combat und Al Qaida Brüder, Schwestern oder Eltern verloren. Männer wie Abdelkader Mekhrid, wie er selbst. Männer, die jetzt einfach übergangen werden, weil die alten Eliten die Köpfe zusammenstecken. Er braucht Chikris Anwesenheit hinter den Mauern der Bungalows nur zu erwähnen, um eine Katastrophe auszulösen. Vielleicht wird er es tun, vielleicht sollte er Fayçal anrufen.

Er pfeift und gibt seiner Einheit das Zeichen loszufahren. Zurück in die Kaserne. Wenn er einen handfesten Beweis für Boudjalas Verkommenheit liefern könnte, dann würden sich auch die anderen Generäle wieder von ihm abwenden, denkt er.

Der Wagen rauscht über die unbeleuchtete Autobahn Richtung Westen. Auf der Höhe der Ausfahrt Chéraga biegen die Fahrzeuge ab und stoppen zwischen dunklen Pflanzungen an einem ummauerten Grundstück. Der Colonel lässt die Motoren laufen und beobachtet seine Männer dabei, wie sie im Licht der Scheinwerfer ein paar Jugendliche verscheuchen. Als die Jeeps vor einem mehrstöckigen Steingebäude anhalten, steigt er aus und geht hinein. Er öffnet die Tür zu einem dunkelgrün gestrichenen Raum. Tarik hängt bewusstlos und nackt auf einem Stuhl. Die Hände sind hinter seinem Rücken zusammengebunden. Der Colonel gibt das Zeichen, ihn aufzuwecken. Er muss herausfinden, was diese Journalistin weiß.

DER MANN TRITT IN DEN verglasten Aufzug, presst den Knopf für die Fahrt ins Erdgeschoss. Er ist jung, kaum dreißig und wirkt durchtrainiert wie Tarik. Unten folgt ihm Wahiba an leerstehenden Büroräumen mit holzvertäfelten Wänden und Telefonnischen vorbei bis zu einer Stahltür. Als sie ins Freie treten, stehen sie auf nacktem Asphalt, umgeben von Containern und Fässern. Belüftungsschächte rauschen über ihren Köpfen.

Seine Hand gleitet unter die Jacke und er zieht einen Zettel hervor, den er ihr erst überreicht, als er sich umgeschaut hat, ob sie beobachtet werden. Er nickt wiederholt mit dem Kopf, als könne sie ihm vertrauen, und wirkt gleichzeitig nervös.

Als sie das Papier auseinanderfalten will, geht er bereits auf eine Seitentür in der Ummauerung des Hofes und einen jungen Polizisten zu, der so tut, als würde er ihn nicht sehen und sich abwendet. Sie faltet den Zettel auseinander, liest eine Uhrzeit, den Ort, die Unterschrift und steckt ihn zerknüllt in ihre Tasche. Sie kann ihn nicht wegwerfen, womöglich wird sie beobachtet. Sie kehrt in die große Empfangshalle zurück und hält nach Fayçal Ausschau, kann ihn aber nirgendwo finden. Auch nicht auf dem Vorplatz. Schließlich marschiert sie los. Vorbei an der Wache, den Autos und den Passanten auf dem Chemin Sfindja.

Als sie die Einbiegung zur Redaktion erreicht, keucht sie. Sie bekommt kaum Luft, schließt ihr Büro auf und packt alle Unterlagen zusammen, die sie finden kann. Ihr Führerschein liegt in einer Schublade zusammen mit dem abgelaufenen deutschen Pass. Sie steckt alles in einen Lederrucksack, übersieht aber den braunen Umschlag am Empfang.

Auf der Straße hat sich ein Unfall mit mehreren Fahrzeugen ereignet. Der Verkehr steht. Einige Fahrer sind ausgestiegen und schimpfen aufeinander ein. Zwischen ihnen hindurch läuft sie los und erreicht schnell die Place Audin, an der einige Brasserien geöffnet und Tische unter die Platanen gestellt haben. Sie überquert die Straße und verschwindet neben der Universitätsbuchhandlung in einem Café. In einem Fernseher laufen libanesische Musikvideos. Jugendliche mit gegelten Haaren klopfen im Takt mit den Fingern auf den Rand ihrer Plastikstühle und stieren einer Gruppe kichernder Mädchen unter bunten Kopftüchern hinterher. Als sie Geld für einen Teller Pommes Frites und ein Sandwich auf den Tresen legt, betreten zwei Polizisten den Saal. Einer lacht mit einem der Jugendlichen, der andere kauft sich eine Flasche Wasser, während sie nervös die fast erkalteten Fritten kaut.

Der ältere Polizist zieht aus einem Päckchen eine Zigarette hervor und wirft sie einem der Jungen zu, der ihm anschließend Feuer gibt, während sein Partner in den Eingang tritt. Wahiba zögert. Wenn sie sich jetzt zwischen die beiden hindurchdrängt, wird sie vielleicht erkannt. Die beiden an der Tür scherzen mit dem Kellner, nehmen ihn in die Mitte und tun so, als würden sie ihn verhaften wollen, bevor sie ihn auf die Terrasse lassen.

Wahiba tritt in den Gang hinter dem Tresen, zwängt sich an Plastikkisten mit dem Aufdruck des Office National de Commercialisation des Produits Viticoles vorbei und verriegelt die Toilettentür hinter sich. Während sie den Gestank aus den Abflussrohren aushält, schließt sie die Augen. Egal wer da bei diesem Treffen auf sie wartet, sie ist eine Benhamid. Es ist ihr verdammtes Land.

Nach ein paar Minuten klopft es an der Tür. Eine Frauenstimme bittet um Entschuldigung. Wahiba öffnet die Tür, kehrt an dem Kopftuch tragenden Mädchen vorbei ins Café zurück. Noch immer sitzt einer der Polizisten am Tisch, erzählt mit lauter Stimme vom Ausflug mit Familie und Kindern an den Strand bei Ain Taya. Alles sei fast wieder so sicher wie vor den Terrorjahren. Sein Kollege steht daneben und lacht. Ob sie nicht auch das Fischrestaurant bei Tamenfoust kennen würden? Niemand blickt ihr nach, als sie das Café verlässt, Richtung Hafen geht und Mofas und hupenden Autos ausweicht, aus deren Fenster bunte Wimpel von MC Alger und Saint Etienne hängen. Ein paar Jugendliche rufen ihr derbe Sprüche hinterher.

Als sie den Eingangsbereich zum Containerhafen erreicht, bemerkt sie, dass die Tür im Stacheldrahtzaun von jungen Männern in Zolluniformen bewacht wird. Direkt daneben beginnt der frei zugängliche Anleger, an dem ein halbes Dutzend Fischerboote vertaut sind. Zwischen Teenagern mit Angeln und leeren Plastikeimern hockt ein Mann in einem Arbeitsanzug. Er nickt, als Wahiba ihn auf die Mole anspricht und ihm einen rostroten 1000 Dinar-Schein in die Hand drückt.

Er wartet ab, bis die Zollbeamten ihm keine Beachtung

mehr schenken, dann hilft er ihr in das wacklige Fischerboot und versteckt sie in der Kabine. Wenige Augenblicke später schiebt sich das Boot über das Wasser zwischen Ufer und großer Mole. Sie dreht sich um, sieht die schlanke Silhouette des Aérohabitat und weit oben in den Hügeln auch die verspiegelte Fassade des El-Mitak.

Nach kurzer Fahrt erreichen sie die Mole. Nachdem der Mann verspricht, sie in drei Stunden wieder abzuholen, und sie absetzt, legt er ab. Sie klettert auf den halb eingestürzten Treppenstufen nach oben, links neben ihr schlägt das dunkelgrüne Wasser gegen die Steine, auf der rechten Seite liegt es glatt und still. In zweihundert Meter Entfernung entdeckt sie mitten auf der Mole ein einzeln stehendes Haus.

Als Wahiba sich auf dem rauen Beton bis auf wenige Meter genähert hat, erinnert sie sich. Vor über zwanzig Jahren ist sie mit ihrem Vater und seinen Freunden hier gewesen. Der alte Tauchclub mitten im Hafen. Die Männer hatten zusammen mit ihren Familien gegrillten Fisch gegessen, laute Musik gehört, Nights in Zeralda, und bis tief in die Nacht gefeiert. Als sie das Haus erreicht, sind alle Fenster und Türen verschlossen. Ein dicker Mann mit fast schulterlangen Locken sitzt an einem Tisch in der Sonne und trinkt aus einem Pappbecher. Er zeigt mit den Fingern auf ein Loch im Zaun, als sie nach den Containern fragt.

Sie bleibt hängen, als sie durch die Öffnung steigt, und löst ihre Jacke von einem der Haken. Bierdosen, zertretenes Glas und Altpapier. Inmitten der aufgetürmten Metallkästen sucht sie einen gelben Vierzig-Zoll-Container der Mediterranean Shipping Company. Die Sonne steht senkrecht am Himmel, sie schwitzt, glaubt Schritte und Stimmen zu hören, kniet sich in einen Schatten und wartet, bis die Zollbeamten oder Hafenarbeiter verschwunden sind.

Als sie ihren Container endlich findet, ist niemand da. Sie vergleicht die Uhrzeit auf dem Zettel mit der auf ihrer Armbanduhr, versucht, die Seitenklappe zu öffnen, ohne viel Lärm zu machen. Im stickigen Inneren liegen Decken und zwei Kisten, die mit Kleidung und Papieren vollgestopft sind.

Plötzlich steht ein Mann im blauen Arbeitsanzug vor ihr. Der Teint ist dunkel, das Gesicht zerfurcht, sein Blick unstet, als wolle er beim kleinsten Geräusch wegrennen. Wahiba zeigt ihm den Zettel. Als sie etwas sagen will, winkt der Mann ab und macht ihr durch eine Geste klar, dass sie ihm folgen soll. Er bewegt sich fast lautlos zwischen den Containern, stoppt an einigen Stellen und hebt die Hand, damit sie sich vollkommen still verhält. Wahiba hat längst jede Orientierung verloren. Schließlich erreichen sie einen massiven Öltank am hinteren Ende der Mole. Ein Stuhl steht nahe am Wasser, mit Blick auf den Horizont. Unter der Sitzfläche liegt ein Seil mit einem Enterhaken wie zum Erklettern einer Schiffswand, und eine alte Armeepistole.

»Also, wo ist sie?«, fragt er.

Er lehnt sich gegen die Eisenwand des Öltanks und betrachtet seine Hände. »Ich weiß, dass du sie abgeholt hast. Ich habe Freunde bei Adnane. Wo ist sie jetzt?«

Wahiba tritt einen Schritt zurück.

»Ich weiß es nicht«, sagt sie. »Ich habe Yasmin mitten in der Nacht aus den Augen verloren. Sie wollte nicht bei mir bleiben.«

Der Mann schlägt mit der Faust gegen den Öltank. »Warum hast du sie da überhaupt rausgeholt?«, fragt er. »Sie war dort sicher.«

»Ich wollte mit ihr über Ain Taya sprechen. Über die Morde am Strand.« Sie wird ihm nicht erzählen, was sie in Adnanes Wohnung erlebt hat.

Er schiebt die Schultern nach vorne, steht da, als würde er einen Schlag erwarten. Er tritt an Wahiba heran und streicht durch ihr durchs Haar.

»Fayçal«, sagt er. »Ich hätte gleich sehen sollen, dass du eines seiner Mädchen bist. Genau sein Typ.«

Er greift nach der Waffe und verschwindet zwischen den Containern. Wahiba rennt ihm hinterher. Zwischen zwei Kabeltrommeln holt sie ihn ein, legt ihm eine Hand auf die Schulter. Der Mann ignoriert sie und geht einfach weiter. Sie ruft ihm hinterher, dass sie ihm helfen werde. Dass sie Yasmin helfen werde. Dass sie Yasmins Spur finden werde.

Der Mann bleibt stehen und dreht sich langsam um. Sein Gesicht ist versteinert. Er geht auf Wahiba zu, packt sie an den Haaren und drückt sie auf den Boden. Die Mündung der Waffe liegt auf ihrem Genick auf. Als der Druck nachlässt, sackt er neben ihr zusammen. Die Mündung der Waffe zeigt nun zu Boden.

Sie kenne Leute beim Militär, in der Verwaltung, überall, behauptet sie. Er solle die Waffe weglegen, ihr zuhören, ihr vertrauen. Er brauche sie, sie brauche ihn. Auch sie sei verraten worden.

»Sie ist tot«, sagt er.

»Nein, das wüsste ich«, sagt Wahiba und ihr stockt der Atem. »Das wüsste ich ganz bestimmt.«

»Sie ist tot«, wiederholt der Mann seinen Satz und setzt

sich die Pistole an die Schläfe. Und du bist schuld. Wir alle sind schuld.« Wahiba kann sich nicht bewegen. Nicht mal die Hand heben.

Langsam rutscht die Mündung der Pistole von der Schläfe. Fayçal habe alles Mögliche versprochen, beginnt er zu reden. Saubere Pässe und Visa im Gegenzug für Beweise, wer Abdelkader ermordet habe. Nichts davon, gar nichts habe er ihm verschafft. Wieder eine Lüge mehr. Dieses Land bestände nur noch aus Lügen. Er sieht sie an. Sie solle ihm die Wahrheit sagen. Ob sie ihn auch belügen werde.

Wahiba streicht ihm über das krause Haar, verspricht, dass sie sich um alles kümmern werde. Dass sie nicht eher Ruhe geben würde, bis alles aufgeklärt sei. Fayçal kenne nicht die richtigen Leute. Sie werde viel weiter oben nachfragen.

»Scharmuta! Du weißt nichts. Gar nichts. Es kommt doch alles von oben! Die Todesdrohungen. Sie werden auch mich töten. Und dich auch. Wegen der Benmansour-Sache. Aber Abdelkader wollte mir ja nicht glauben. Boudjala werde uns schützen.« Er lacht und schlägt mit der flachen Hand auf den Boden, nestelt mit der anderen in seiner Brusttasche nach den Zigaretten.

»Matoub«, spricht sie seinen Namen endlich aus, »du musst gegen sie aussagen.« Und obwohl sie auf dem Boden sitzen, mit dem Blick zwischen den Containern aufs Meer hinaus, lächelt er sie an. »Du musst«, sagt sie.

»Sie werden uns töten«, sagt er und greift nach ihrer Hand.

MATOUB HAT SIE SCHLIEẞLICH bis zum Tauchclub begleitet und mit ihr auf das Boot für die Rückfahrt gewartet. Er ist auf der Mole zurückgeblieben. Vielleicht hat er General Boudjala wirklich in jener Nacht am Strand gesehen. Auch ihm haben sie wie allen anderen aus seiner alten Einheit Leichentücher vor die Wohnung gelegt. Heute Nacht wird Matoub die Außenwand eines der Gastanker erklettern und sich im Laderaum verstecken. Und sie? Wohin geht sie? Wohl kaum nach Hause. Wahiba blickt vom Boot aus auf die hell ausgeleuchteten Prachtbauten an der Front de Mer. Parlament, Moschee, Senat, Handelskammer und Oberster Gerichtshof. Als sie wieder an Land ist, kauft sie an einem Nachtkiosk bei der Grande Poste eine Prepaid-Karte und ruft Tarik an. Er meldet sich nicht. Sie wartet auf den Bus nach El-Harrasch. Er kommt spät, ist mit verschleierten Frauen besetzt, die sie misstrauisch anstarren und in tiefes Schweigen verfallen. Der Busfahrer dreht das Radio laut, als ein Titel von Cheb Khaled erklingt. Sie überqueren den menschenleeren Boulevard Mohammed V. Unweit der Nummer 38b parkt immer noch ihr Wagen. Sie könnte aussteigen und ihn holen, aber selbst das ist nicht sicher. Es würde ihr leichter fallen, die Schuld an Yasmins Tod für den Moment zu verdrängen, wenn sie irgendeinen Plan besäße. Sie muss einen Platz finden, an dem sie in Ruhe über alles nachdenken kann. Samia fällt ihr ein, doch auch ein Treffen mit ihr würde bedeuten, sie noch mehr in Gefahr zu bringen. Wahiba verlässt den Bus, steigt in ein Taxi, fährt ins Le Carnivore, vor dem sie den Fahrer bittet, auf sie zu warten.

In der Gendarmeriekaserne bei Beni Messous geht ein Fax ein. Der wachhabende Offizier nickt befriedigt, reißt das dünne Papier von der Rolle und steckt es in die Brusttasche. Er geht über eine Treppe in den Bereitschaftsraum und gibt vier dort sitzenden Männern ein Handzeichen. Einer schaltet den Fernseher stumm und greift nach seiner Uniformmütze. Die anderen stellen Kaffeebecher zur Seite und kontrollieren die Magazine der Maschinenpistolen. Sie folgen dem Offizier zu einem Kleinbus und steigen ein. Das Blaulicht wirft kurze Lichteffekte gegen die Schaufenster der Geschäfte und Ladenpassagen am Boulevard Kennedy. Als der Einsatzwagen der Polizei am Containerhafen zum Stehen kommt, wartet dort bereits der Bootsführer. Einer der Polizisten klopft ihm auf die Schultern und drückt ihm einen Umschlag in die Hand. Er zeigt auf den hinteren Bereich der Mole und auf den Anleger, an dem ein graues Schlauchboot mit Außenborder festgemacht hat. Die Männer setzen Nachtsichtgeräte auf, überprüfen die Einstellungen und den Sicherungshebel ihrer Waffen. Dann legt das Boot ab und schießt über das dunkle Wasser. Sie sind nicht allein. Ein dicker Mann tut neben dem Gebäude so, als würde er am Sicherungskasten arbeiten, ein zweiter sitzt abseits am Wasser und trinkt aus einer leeren Flasche. Sie bilden die Vorhut, werden jeden aufhalten, der sich zu nähern versucht, während weitere Gendarme aus dem Boot an den Steinquadern nach oben klettern. Sie schlagen mit Knüppeln gegen einen Gastank, bis der Lärm darin so unerträglich wird, dass der Mann darin herauskriecht, obwohl er weiß, dass sie ihn totschlagen werden. Er presst die Hände gegen die Ohren, versucht sein Gesicht zu schützen, doch die Knüppel prasseln auf ihn ein, bis ihm aus Mund und Nase das Blut schießt.

Als Wahiba an die verriegelte Pforte klopft, wird sie erst hineingelassen, als sie Fayçals Namen nennt. Neben einer Bar im Erdgeschoss führt eine eiserne Wendeltreppe nach oben. Zwei junge Soldaten springen auf, nehmen aber gleich wieder Platz, als sie erneut Fayçals Namen erwähnt. Im ersten Stock sitzen Männer an einem umlaufenden Tresen, der um einen Eisengrill in der Mitte des Raumes gebaut ist. Sie diskutieren erregt. Ein Offizier in Soldatenstiefeln, Uniformhose und Hemd lacht sie aus. Die Jacke hängt über einem Barhocker. Ein Koch wirft in Kräutersud eingelegte Fleischlappen auf das glühende Gitter. Fett spritzt, während er eine Zwiebel in kleine Stücke schneidet und Bierflaschen und Harissa neben ihre Teller stellt. Fayçal ist nicht da. Die Männer werfen ihr argwöhnische Blicke zu. Der Offizier winkt sie zu sich. Er habe viel von ihr gehört, ruft er, und auch gelesen. Er lacht wieder. La Raison habe eine große Zukunft vor sich. Sie sicher auch. Sie will weg. Zu Onkel Mahmoud, zu Tarik. Duschen. Schlafen. Das Land verlassen, wenn sie nur die Kraft dazu besäße. Ihr wird übel, schwindelig. Plötzlich begreift sie so vieles. Auch wie Onkel

Mahmoud ihr damals so schnell eine Stelle bei La Raison beschaffen konnte. Sie müsse den Fahrer noch bezahlen, sagt sie. Sie komme gleich zurück, dann würden sie gemeinsam auf die Zukunft anstoßen, sagt sie, er solle schon mal etwas bestellen. Und während er ihr nachruft, was sie denn trinken wolle, ist sie bereits die Treppe hinunter, wieder auf der Straße und steigt ins Taxi. Wohin nur? Er solle erst einmal losfahren, sagt sie dem Fahrer.

Ein junger Mann in einer Garage bei Dély Ibrahim erhält einen Anruf. Das Telefon klingelt zweimal. Er hebt ab und stellt das Radio im Hintergrund leise. Er nickt, legt den Hörer wieder auf, geht zu einer olivgrün gestrichenen Metallkiste und entnimmt ihr zwei in braunes Packpapier eingeschlagene Pakete von der Größe eines Zehn-Liter-Eimers. Mit Isolierband befestigt er ein Handy an einem der Pakete und verkabelt es über den USB-Ausgang. Beides legt er in den Kofferraum eines grauen Passats und schließt ihn ab. Draußen ist es dunkel. Grillen zirpen in den Bäumen. Der Wind pfeift zwischen den Strommasten am Straßenrand. Er steuert den Wagen an zwei Checkpoints der Armee vorbei, hält jedes Mal nur kurz, um den Ausweis zu zeigen, und schließlich auf der Stadtautobahn Richtung Club des Pins abzubiegen.

Yasmin will ihr nicht aus dem Kopf. Die Särge in Belcourt können alles Mögliche bedeutet haben, sagt Wahiba sich. Es muss sich bei der Toten nicht um Yasmin handeln, auch wenn Matoub daran glauben will. Auch über den Tod von

Matoub ist spekuliert worden. Und am Ende hat es sich als falsch herausgestellt. Alhamdulillah.

Sie kann zwei Versionen schreiben. Eine für Fayçal, in welcher sie von den Machenschaften von Boudjala spricht, eine zweite über Fayçal, die sie anonym an eine französische Zeitung gibt. Sie lässt den Kopf gegen die ruckelnde Scheibe sinken. Vor dem tiefschwarzen Hintergrund des Himmels sind die Sterne gut zu sehen.

Sie sucht nach den Bildern, die ihr Vater ihr gezeigt hat. Sie kennt noch alle Namen. Mit dem Finger fährt sie die Linien auf der Scheibe nach. Sie bittet den Fahrer anzuhalten, bezahlt ihn und läuft zwei Straßenzüge weiter, bevor sie das nächste Taxi besteigt. Das wiederholt sie dreimal, fährt im Kreis und lässt sich in der Nähe jener Bushaltestelle absetzen, an der sie am Morgen aus dem Bus gestiegen ist. Als sie erschöpft das kleine Haus in El-Harrasch erreicht, geht sie auf die Rückseite und steigt durch das Fenster ein, das sie am Morgen nur gekippt hat.

Neben dem Waschbecken sinkt sie zu Boden. Von Tarik fehlt jede Spur, denkt sie. Auch er wird untergetaucht sein. Tarik ist zu gerissen, um sich erwischen zu lassen. Er kommt hierher. Er wird sie holen. Vielleicht ist er schon da gewesen. Sie knipst die Glühbirne an der Decke an, sieht die zusammengerollte Decke und eine halb ausgetrunkene Plastikflasche mit Leitungswasser. Sie braucht jetzt Zeit. Zeit zum Nachdenken. Zeit, die Tarik ihr verschaffen wird. Sie zieht sich aus und steigt unter die Dusche. Die Gastherme springt nach kurzem Zögern an, und sie atmet auf, als das heiße Wasser auf ihre Haut prasselt.

Chikri wäscht sich Hände und Unterarme in einer Schale aus glänzendem Porzellan. Er bereitet sich auf das Ischa-Gebet vor und spricht vor dem Spiegel die Eulogie für den Propheten. Das Zimmer wirkt ungewohnt auf ihn. Der Boden ist mit Marmor ausgelegt, die Wände mit hellem Stoff bekleidet. Er schüttelt den Kopf, als er an seine Zeit im Maquis denkt, an die unzähligen Nächte in Unterständen und zwischen Felsen und dornigem Gestrüpp in Afghanistan und in der Kabylei.

Die Offenheit des Himmels und die wuchtige Gestalt der Berge hat ihm immer das Gefühl gegeben, dass es im Leben eine höhere Macht geben muss als die der Menschen. Fast vermisst er es. Er geht in den Wohnbereich, um das Fenster zu öffnen, muss aber feststellen, dass sein Gästezimmer direkt an die Außenmauer grenzt. Er schaltet die Klimaanlage an und legt sich aufs Bett. Noch hat er Matoubs Leichnam nicht gesehen, aber es wird nicht mehr lange dauern. Genügend Freiwillige gibt es und täglich werden es mehr, denkt Chikri. Im gleichen Moment verbrennt ein heller Blitz seine Augen. Die Explosion reißt die Außenwand in Stücke. Für den Bruchteil einer Sekunde hat er noch gesehen, wie sich die Wand wölbte und dann zerplatzte. Sein Körperfett fängt Feuer, brennt sich in die Matratze und die Kissen ein. Unweit des Hauses steht ein junger Mann. Bevor er das Handy in der Tasche verschwinden lässt, entnimmt er die SIM-Karte und den Akku und verschwindet im Wald.

Wahiba saugt den Geruch der Decke tief in sich hinein. Sie riecht nach ihrem Parfum, nach Sommer. Sie hofft, von etwas anderem zu träumen als von Yasmin. Sie kontrolliert noch einmal die Tür, schaltet die Glühbirne aus, schlüpft unter die Decke und taucht in tiefe Dunkelheit.

Mahmoud geht um den wuchtigen Steinsarg herum und berührt die an den Enden befestigten Talismane. Hinter ihm warten Frauen und Mädchen, um am Grab Sidi Abdarahmans zu beten. Er hat Stunden hier verbracht. Erst draußen zwischen den Grabplatten, dann im Mausoleum. Zusammen mit den Frauen, die auf eine Schwangerschaft hoffen. Er zieht die Schuhe an und verlässt den Kuppelbau. Eine Katze hockt auf der niedrigen Mauer, die das Gebäude von der Straße trennt. Als er sich vergewissert hat, dass niemand zu sehen ist, geht er in die Casbah. Der Nachthimmel ist kaum zwischen den Häusern auszumachen. Seit er das Redaktionsgebäude verlassen hat, hat er nichts gegessen. Am Grillstand könnte er eine Kleinigkeit kaufen und sich nach einem Zimmer für die Nacht erkundigen.

Neben dem Eingang zum öffentlichen Hammam biegt er in eine Seitengasse ab. Die Stufen führen steil nach oben, an einer Stelle verengt sich der Weg zwischen zwei Riads. Die Treppe könnte bis hoch zur Zitadelle führen, denkt er. Neben dem Abdelkrim-Denkmal würde er sicher ein Taxi finden. Er stolpert in der Dunkelheit über etwas, muss sich an der Wand festhalten und erreicht nach einer Biegung wieder das Licht. Eine Gasse öffnet sich auf einen kleinen Platz. Als er nach einem Taxi Ausschau hält, wirft ihn plötzlich ein Schlag von der Seite zu Boden.

Als er sich aufzufangen versucht, bricht sein Handgelenk.

Verschwommen nimmt er die offenstehende Ladeklappe eines Lieferwagens wahr. Dann folgt ein zweiter Schlag. Er verliert das Bewusstsein.

Als er wieder aufwacht, rollt er gegen die Rückwand eines Lieferwagens, der in einer Kurve beschleunigt. Eine seiner Hände ist mit Handschellen an einer Verstrebung befestigt. Er stöhnt auf, als er das Gewicht verlagert und sich auf die gebrochene Hand zu stützen versucht. Wo werden sie ihn hinbringen? Werden sie ihn gleich erschießen? Er stemmt die Beine gegen die Rückwand, um nicht mit jeder Kurve quer über die Ladefläche zu rollen. Er denkt an das Foto. An Wahiba. Warum hatte er es so weit kommen lassen? Warum hatte er sie nicht einfach aus dem Land geschafft? Als der Wagen scharf bremst, schlägt er mit dem Kopf an. Er hält die Hand vor das Gesicht. Seine Stirn blutet. Die Hand hängt abgeknickt am Arm. All die Jahre hat er überlebt. Genau gewusst, wo die Grenze lag, die er nicht überschreiten durfte. Warum ist es ihm nicht gelungen, Wahiba beizubringen, dass alles langsam geht in diesem Land? Dass sie alle irgendwie überleben müssen. Als der Wagen anzieht, stößt ein Fuß gegen den seinen. Mit der gesunden Hand tastet er nach dem Körper. Neben ihm liegt eine Frau. Ohne Bewusstsein. Vielleicht ist sie schon tot. Er fühlt ihren Puls. Sie lebt. Als der Wagen erneut bremst, rutscht er fast über sie. Hinter ihm werden die Hecktüren aufgerissen, und in dem Moment sieht er ihr Gesicht. Bei Allah. Er kennt sie. Er hat sie irgendwo schon mal gesehen. Sie ziehen ihn an den Beinen zur Hecktür, und er schreit vor Schmerzen auf, bis sie seine Handschellen lösen. Die Frau fängt plötzlich an zu wimmern und richtet sich auf. Sie stiert in sein Gesicht.

Auch sie kennt ihn. Doch sie sagen kein Wort. Nichts. Hinter ihnen fällt ein Schuss. Aber sie leben noch.

WAHIBA SCHRECKT AUF, als sie das Gebell eines Hundes hört. Es muss der sandbraune Mischling sein, der gestern an der Haltestelle nach Essbarem suchte. Im Spiegel entdeckt sie die dunklen Augenringe. Eine Seite des Gesichts ist angeschwollen. Auch der Geschmack ist widerwärtig. Als sie die Oberlippe hochzieht, bemerkt sie Blut zwischen ihren Zähnen, spült den Mund aus und spuckt ins Becken. Der Köter draußen verstummt, plötzlich hört sie das Brummen schwerer Motoren.

Sie schlüpft in die Hose und streift die Jacke über. Dann wieder das Bellen des Hundes. Wütender klingt es jetzt, weicht aber einem langgezogenen Jaulen. Wie nach einem Schlag oder einem Tritt, der ihn zur Räson bringen soll.

Sie hört Schritte auf dem Dach des Flachbaus und hält den Atem an. Nichts. Stille. Plötzlich splittert Glas. Grauer Dampf steigt im Zimmer auf. Eine Nebelgranate rollt vor ihre Füße. Als sie nach dem Handtuch greift, um es sich vor Mund und Nase zu halten, reißt sie den Duschvorhang mit und verliert fast das Gleichgewicht. Etwas Schweres hämmert von außen gegen die Wand. Sie will den Türgriff fassen, aber sie greift zu kurz. Ein zweiter Schlag hebt die Tür aus den Angeln und schleudert sie in den Raum. Wahiba wird an der Schulter gepackt und zu Boden gerissen. Sie schnappt nach Luft und hustet in einem fort. Ihre Augen brennen, während sie von zwei Soldaten mit Gasmasken über den Boden geschleift wird. Einer tritt auf ihren Arm, der zweite schlägt sie mit einem Gummiknüppel. Sie versucht, mit der freien Hand den Kopf zu schützen, die Luft gegen das panische Gefühl anzuhalten, ihre Lunge würde im nächsten Moment platzen, und presst die tränenden Augen zusammen.

Sie packen sie an den Schultern und reißen sie wieder in den Stand. Als sie die Hände abzuschütteln versucht, wird sie an den Haaren gezogen und aus der Tür gedrückt.

Zwei olivfarbene Einsatzfahrzeuge stehen mit laufenden Motoren auf der Brache. Ihre Scheinwerfer strahlen die Werbetafeln und den Schutt neben der Straße an. Auch dort warten Soldaten mit angelegten Gewehren. Sie schnappt wieder und wieder nach Luft, erhält mit einem Knüppel einen Stoß in den Rücken und wird in Richtung der Fahrzeuge durch die Pfützen geschleift.

Am Wagen drückt sie ein Soldat gegen die Außenwand, tastet ihren Körper ab und legt ihr Handschellen an. Sie will etwas sagen, aber er schlägt ihr mit dem Ellbogen in den Rücken und drückt ihren Kopf in den Innenraum. Eingeengt zwischen Metallkisten liegt sie quer auf einer zerschlissenen Rückbank. Ein Gitter trennt sie von der Fahrerkabine. Auf dem Beifahrersitz des zweiten Fahrzeugs sitzt Tarik. Er sieht sie an. Sie glaubt wenigstens, dass Tarik es ist. So verschwommen ist ihr Blick. Erst als er ihr das Gesicht zuwendet, ist sie sicher. Es ist blutüberlaufen. Büschel aus seinem Haar sind ausgerissen. Das linke Auge so angeschwollen, dass er die Lider nicht mehr öffnen kann.

Ihr Wagen fährt los. Wahiba presst die Stirn gegen die

Seitenscheibe und starrt noch immer in Tariks Richtung, als ihr Fahrzeug längst auf die Hauptstraße abgebogen ist. Sie ist schuld, denkt sie, sie ist an allem schuld und schreit ihre ganze Ohnmacht hinaus.

BOUDJALA BINDET SICH DEN Krawattenknoten. Zweimal, dreimal, erst dann sitzt er in der Mitte. Für neun Uhr ist ein Auftritt bei Bonjour d'Algérie im Staatsfernsehen geplant. Um zehn will ihn Al-Dschasira interviewen. Er wird sich zum ersten Mal seit dem Krieg im Anzug zeigen. Stabilität und Frieden zusichern, während er die Hochglanzmappe mit den Projektplanungen in die Kamera halten wird. Er reibt über die Schulterpolster und ruft nach dem Hausdiener, der ihm die Geheimdienstberichte der vergangenen Nacht bringen soll. Nouredine arbeitet seit einer Ewigkeit für ihn. Als Laufbursche im Maquis, später im Ministerium. Gegen drei oder vier Uhr hat es in der Umgebung einen dumpfen Knall gegeben. Sein Telefon ist still geblieben.

Als niemand kommt, geht er die Treppe hinab in den Küchentrakt. Auch hier ist niemand zu sehen. Weder ist die Kaffeemaschine angeschaltet, noch läuft das Radio. Überall stehen nur Gläser und Teller mit Essensresten. Er greift nach einem Stück Hammelfleisch vom vergangenen Abend und geht zur Tür. Wo sind die Wachen? Er wird mit dem wachhabenden Offizier reden müssen und ihm unmissverständlich klarmachen, dass er solch ein Versagen nicht duldet.

Die Einfahrt ist leer. Die Garage geschlossen. Er geht ans Ufer, blickt auf die bunten Fahnen, die im Wind flattern, und das aufgewühlte Wasser. Tage wie diesen hat er damals vor sich gesehen, als er beschlossen hat, den Weg der Versöhnung zu akzeptieren und all jenen die Hand zu reichen, die Teil des Systems werden wollen. Seines Systems. Tage, die unwiderruflich mit seinem Namen verbunden bleiben. Und jetzt diese Schlamperei.

Im Haus drückt er auf der Telefonanlage den Knopf für die Standleitung, vernimmt aber kein Freizeichen. Die Ladestation für das Funkgerät am Eingang ist leer und auch die Steckdose, an der er gestern Nacht sein Handy aufladen wollte, hat keinen Strom. Er kehrt in den ersten Stock zurück und dreht sich auf der Treppe noch einmal um. Das Haus ist leer. Unheimlich still. Er ruft noch einmal Nouredines Namen. Doch offenbar sind all seine Wächter, sein Hausdiener, die Köchinnen verschwunden.

In seinem Arbeitszimmer schließt er den Schreibtisch auf und greift nach der Waffe. Acht Schuss stecken im Magazin. Als er vom Fenster aus sieht, wie Militärfahrzeuge neben dem Grundstück zum Halten kommen, entsichert er die Waffe.

Soldaten des Club des Pins steigen aus und gehen an der Einfahrt in Stellung. Boudjala legt die Pistole auf die Fensterbank und hebt die Hand. Er wird die Entschuldigungen des Wachhabenden empört zur Kenntnis nehmen. Ihn eine Weile zappeln lassen und dann gnädig von seinem Posten entheben. Einer der Soldaten schaut zu ihm hoch und zuckt zusammen, als er ihn bemerkt. Er ruft eine kurze Warnung, geht hinter der niedrigen Grundstücksmauer in Deckung und zielt auf das Fenster.

Boudjala zieht sich in das Innere des Zimmers zurück. Er

wird ihnen keinen Anlass bieten, ihn wie einen Hund zu erschießen. Niemand hat etwas gegen ihn in der Hand, denkt er. Er muss nur die anderen Mitglieder des Generalstabs informieren. Dann wird sich das Blatt schnell zu seinen Gunsten wenden. Dann wird es ihm eine Freude sein, dem Anführer dieser Bande eigenhändig die Nase aus dem Gesicht zu schneiden.

Er reißt den Kleiderschrank auf. Er ahnt, wer dahintersteckt. Ein altes Funkgerät liegt zwischen Uniformjacken und Mottenkugeln. Er sucht die Standardfrequenz und hört, wie die Einsatzkräfte untereinander die Einsatzplanung abstimmen. Sie sollen sich ruhig verhalten, lautet der Befehl.

Der General drückt auf die Sprechtaste und brüllt dazwischen, dass jeder, der sich ihm widersetze, hingerichtet werde. Samt Familie. Wer nicht sofort die Waffen niederlege, werde wegen Hochverrats angeklagt. Er schaltet das Gerät aus und wirft es auf die unbenutzte Seite des Doppelbetts. Er hat eigenhändig die Söhne des Maître de Tassily umgebracht und im Sommer 1957 den Sturm auf ihre Plantage bei Boufarik organisiert. Er hat im Guerre des Sables Operationen gegen Marokko geleitet und Jahre seines Lebens mit den engstirnigen Polisario-Vertretern diskutiert. Er war dabei, als Verträge mit Frankreich und der Sowjetunion ausgehandelt wurden. Er hat den Kampf gegen den Terrorismus organisiert und alle Präsidenten, Staatssekretäre und Vorsitzende des Haut Conseil d`Etat überlebt. Er ist dieses verdammte Land. Niemand anderes.

Er blickt aus dem Fenster.

In einem der Fahrzeuge vor der Einfahrt sitzt Matoub. Jener Matoub, den er schon aus 1960er Jahren kennt. Als verwirrten Beduinenjungen, der mit Glück die Auslöschung seines Dorfes durch die französische Armee überlebt hatte und in Algier um seine Zuneigung bettelte.

Und vor ihm sitzt der Colonel. Jener Emporkömmling, der kaum geboren war, als er das Land vom Joch der Franzosen befreite.

Der General legt die Waffe ab und steigt die Treppe hinab. Er öffnet die Tür und wartet am Eingang. Der Colonel steigt aus, liest den Haftbefehl vor, der direkt aus der Présidence stamme, und kommt mit zwei Soldaten auf ihn zu. Er sagt, dass Allah selbst erkenne, wer auf dem rechten Pfad wandle. Er kenne die offenkundigen Taten und die Geheimnisse. Er wisse, welcher Weg alleine schon aus Eitelkeit, Gier und Dummheit ins Verderben führe. Kühl weist er die Soldaten an, dem General Handschellen anzulegen und ihn zum Auto zu führen.

Boudjala verschränkt die Arme hinter dem Rücken, ohne dass man ihn dazu zwingen muss. Er hat so oft eine unwürdige Festnahme gesehen. Er steht auf der Seite der Gerechten. Allah kennt seine Diener wohl. Er hat so oft erlebt, wie der Wind sich in seinem Land dreht.

ZWEI SOLDATEN STEHEN VOR IHR, ein dritter hinter ihr. Sie trägt Handschellen, die Locken sind zum Zopf gebunden. Als sich die Türen öffnen, weicht sie einem Stoß aus und geht einen dunkel getäfelten Flur entlang. Vorbei an Fahnen aller Waffengattungen, an der Wand befestigten Ehrensäbeln und einer großflächigen Kopie der Femmes d'Alger dans leur appartement von Eugène Delacroix. Eine Sekretärin mit einem Stoß Akten unter dem Arm senkt den Kopf und verschwindet in ihrem Büro. Am Ende des fensterlosen Flurs klopft einer der Soldaten an eine Flügeltür und wartet.

Das Licht blendet sie, als eine Frau die Tür öffnet und zur Seite tritt. Neben einem Fahnenständer sieht sie einen Mann in einer graugrünen Offiziersuniform. Sein Haar ist kurz geschnitten, mit wenigen grauen Strähnen durchsetzt. Er ignoriert sie, während die Soldaten salutieren und sie auf den Stuhl vor seinen Schreibtisch setzen. Durch eine flüchtige Handbewegung weist der Offizier die Soldaten an, den Raum zu verlassen.

Auf der Schreibtischplatte liegen Unterlagen mit dem Briefkopf der Présidence und die Schulterstücke für einen Brigadegeneral. Die Wand lässt helle Spuren von abgehängten Bilderrahmen erkennen. Nur direkt über dem Schreibtisch ist noch ein Foto zu sehen, welches General Boudjala zusammen mit Präsident Chadli zeigt. Im Hintergrund leisten junge Offiziere den Fahneneid. Als dem Offizier hinter dem Schreibtisch ihr Blick auffällt, sagt er: »Es soll mich daran erinnern, dass Allahs Gnade vergänglich ist.«

Nachdem sich die Tür geschlossen hat, tritt er an sie heran und öffnet die Handschellen. »Er hätte dich nicht am Leben gelassen«, sagt er, während er sich auf die Schreibtischplatte setzt. Sein Blick ruht wieder auf dem Bild.

Ihr ist kalt. Ein Fenster geht zum Hafen, das andere in den Innenhof. Beide stehen offen. Ein Zug Soldaten baut sich im Innenhof in gerader Linie auf.

Der Mann vor ihr beachtet die Kommandos nicht und lässt eines der Schulterstücke durch die Hände gleiten. »Fragst du dich nicht, warum du hier bist?« Er entnimmt einer Tasche einen zerknitterten braunen Umschlag und zieht Bilder und eine Akte daraus hervor. »Vielleicht, weil dein Onkel so ein tapferer Mann ist«, sagt er. »Unbewusst loyal. Aber unvorsichtig.«

Er breitet die Aufnahmen vor ihr auf dem Tisch aus. Auf einem ist der junge Abdelkader Mekhrid zu sehen. Das Bild muss über zehn Jahre alt sein. Er steht neben den zwei brutal zusammengeschlagenen Benmansour-Zwillingen, junge Männer mit kaum entwickeltem Bartwuchs, und hält einem von ihnen die Pistole an den Kopf. »Abdelkader war ein Held«, sagt der Offizier. »Dein Onkel hat versucht, dir das alles zukommen zu lassen, damit du verstehst, warum Abdelkader Mekhrid sterben musste. Dabei hat Abdelkader nur aus Überzeugung gehandelt. Wie ein echter Patriot. Ich verstehe nicht, wie man das in den Schmutz ziehen kann. Und hier ...«, er hält die Akte hoch, »Geheimdienstberichte aus den 90er Jahren, die besagen, dass die Benmansour-Brüder hinter dem Massaker an Abdelkaders Familie stecken. Hier drin sind auch Unterlagen über die Bildung einer Groupe de Légitime Défense durch Abdelkader und Matoub im gleichen Sommer. Sie sind in der Mitidja mit äusserster Effizienz gegen verdächtige Islamisten vorgegangen. Ratissage. Mit Methoden, wie wir sie aus dem Unabhängigkeitskrieg kennen. Das sind Fotos eines Rachemords. Ein paar Jahre später tauchen dann Berichte auf, die der von Chikri geleiteten Terrorzelle Verhandlungen mit Boudjala unterstellen. Erst nur ein Gerücht. Aber dann …« Er zieht ein Schreiben aus der Akte. »Die Mitschrift eines Telefonats zwischen Chikri und Boudjala. Chikri will auf das Angebot der Nationale Versöhnung eingehen und verspricht Mithilfe bei einem nicht näher genannten Projekt und bei der Niederschlagung eines Verfahrens gegen den General. Aber er fordert Blutrache. Dein Onkel muss das alles unter Lebensgefahr zusammengetragen haben. Er wollte dir helfen. Obwohl er die Gefahr kannte. Auch Matoub hat die Gefahr erkannt, als sich Abdelkader ausgerechnet an Boudjala gewannt hat, nachdem ihn erste Todesdrohungen erreichten. Das war ein Fehler. Er wusste nichts von dem neuen Bündnis zwischen Chikri und Boudjala. Er dachte, sie seien immer noch Feinde. Er war einfach im Weg, also haben sie ihn ermordet.«

»Was haben Sie mit meinem Onkel gemacht?«, fragt Wahiba. Sie zittert.

»Wir haben gar nichts mit deinem Onkel gemacht.«

»Ist er noch am Leben?«

»Nein.«

»Also haben Sie ihn umgebracht.« Sie dreht den Kopf weg, damit er ihre Tränen nicht sieht.

»Nein. Wir nicht.«

Der Offizier legt das Schulterstück zur Seite und greift nach einem Dienstsiegel. Er drückt es auf ein Blatt Papier, schaut sich die Spuren an, die es hinterlässt. »Boudjala hat immer noch Freunde. Nicht mehr hier, aber im Ausland. Kein Wunder, bei der miesen Quote, die er für sein Land ausgehandelt hat«, sagt er, ohne auf ihre Frage einzugehen.

Erst jetzt weiß sie, sein Gesicht zuzuordnen. Sie hat ihn einmal zusammen mit Fayçal gesehen. Vor der Redaktion. Fayçal stieg aus seinem Wagen. Und er saß auf dem Rücksitz.

Im Hof folgen die Soldaten einem Befehl und entsichern die Gewehre. Männer in schwarzen Anzügen und mit Sturmhauben führen Tarik an ihnen vorbei. Er geht gebückt, trägt eine Augenbinde. Wahiba will aufspringen, doch der Offizier legt ihr eine Hand auf die Schulter und drückt sie auf den Stuhl zurück.

Sie schreit Tariks Namen. Er zeigt keine Reaktion. Sie schreit ihn wieder. Der Offizier schließt erst das Fenster zum Hafen, dann das zum Innenhof.

»Du schreibst auch auf Deutsch«, richtet er ruhig das Wort an sie.

Tarik wird um eine Ecke geführt. Sie presst sich die Hände vors Gesicht und lässt den Kopf in den Schoß fallen. Die Kommandos aus dem Innenhof dringen nur dumpf durch die Scheiben. Wahiba wimmert, bittet, fleht, verspricht, alles zu tun, was von ihr erwartet wird. Dann reißt sie die Augen auf und starrt den Offizier an. Augenblicke später fallen Schüsse.

»Du schreibst auch auf Deutsch«, wiederholt der Colonel seinen Satz. »Du bist noch jung. Glaubwürdig. Nicht so plump wie Fayçal. Du wirst die Artikel über Boudjala in der deutschen Presse unterbekommen. Von seinem Verhältnis zu Al Qaida berichten. Zu seinem Vertrauten Chikri. Den Preis, den er gezahlt hat, um diesen widerlichen Terroristen einzukaufen. Von alldem konnten seine Partner natürlich nichts wissen. Also wirst du es ihnen erzählen. Es steht ja alles hier drin. Schade um deinen Onkel, er hätte es verdient gehabt mitzuerleben, wie aus dir eine große Journalistin wird.«

Er legt eine Hand auf die Akte. »Die ganze Wahrheit.«

Das letzte Wort spricht er so aus, dass kein Zweifel besteht, dass es sich nur um diese eine Wahrheit handeln kann. »Dann werden wir sehen, ob Boudjalas Partner nicht von dem Vertrag zurücktreten wollen.« Er schlägt die Akte auf und sortiert zwei Fotos aus.

»Wie geht es eigentlich Samia? Ihr seid doch befreundet, so viel ich weiß.« Er dreht die beiden Fotos um und hält sie ins Licht.

Zwei junge Frauen sitzen in einem Restaurant. Um beide Gesichter ist ein roter Kreis gezogen.

»Das ist doch Samia, oder?«

Epilog

Nach den Regenschauern der Nacht ist die Luft klar und rein. Hinter den Wohntürmen sind am Horizont die schneebedeckten Hänge bei Chréa und die drei Gipfel der Djurdjura zu erkennen. Das strahlende Weiß zeichnet sich vor dem Dunkelgrün der Zypressen und Platanen ab. Die Sidi Yahia füllt sich erst langsam mit Menschen. Gemüsehändler und Kioskbetreiber ziehen die Eisengitter nach oben, mit denen sie in der Nacht ihre Geschäfte geschützt haben, und stellen Kisten voller Obst oder Zeitschriften nach draußen auf den Bürgersteig. Am Rand der Straße steht das Wasser in schlammigen Pfützen. Männer in Anzügen und Verkäuferinnen in eng anliegenden Tops weichen dem Wasser aus. Eine Gruppe Mädchen mit Sonnenbrillen und glitzernden Kopftüchern steht vor einem Kiosk und streitet sich um ein Exemplar einer französischen Frauenzeitung. Im Fenster hinter ihnen sind kurze Röcke und Strumpfhosen auf Schaufensterpuppen aufgezogen. Als ein Humvee-Jeep mit der aufgedruckten Werbung für einen Mobilfunkanbieter die Straße hinabrollt, kreischen sie empört auf und weichen dem durch die Reifen aufgeschleuderten Wasser aus.

Ein paar Straßen weiter südlich zieht ein Mann in einem fleckigen T-Shirt triefende Zlabia aus dem heißen Fett. Das Radio hinter ihm verkündet, dass in In-Salah Temperaturen bis zu 37° C erwartet würden. In Algier bleibe es trocken.

Kinder mit Schulranzen stehen vor der Durchreiche zur Straße und treten leere Blechdosen die Treppen zum islamischen Friedhof hinab. Sie ignorieren den Ruf des Muezzin und setzen sich mit dem noch heißen Gebäck auf eine Mauer. Eines der Kinder rennt los, vorbei an engen Gassen und frei hängenden Stromkabeln, bis es zwischen zwei Häusern einen freigeräumten Platz erreicht. Vor zusammengestürzten Randmauern bieten ein Dach aus Wellblech und Vorhänge aus Plastik etwas Schutz. Es schlüpft hindurch und verteilt das klebrige Gebäck an die Geschwister.

Im Hafen stauen sich schwer beladene Fahrzeuge vor der Einfahrt zur Zollabfertigung. Aus den Schornsteinen der Autofähre Richtung Marseille steigt schwarzer Rauch auf. Die ersten in der Schlange diskutieren erregt mit dem Zollbeamten, füllen auf den Dächern ihrer Autos die Ausreisepapiere aus oder streiten sich. Einer schlägt mit der zusammengerollten Zeitung auf die Motorhaube und ruft wütend, dass er seit Stunden warte, obwohl er doch alle Unterlagen und das Visum für Frankreich habe. Der Zollbeamte ignoriert ihn und geht zurück zu seinen Kollegen, um das unterbrochene Gespräch fortzusetzen.

Auf der Didouche Mourad stehen Handwerker vor dem Treppenaufgang zu den Büros. In den oberen Stockwerken sind alle Fenster geschlossen und dick mit Staub und dem roten Sand überzogen, den der Regen mit sich gebracht hat. Radouane schaut noch einmal wehmütig an der Fassade hinauf, während er sich in ein Taxi setzt. Er legt den Stapel unbezahlter Rechnungen in seine Aktentasche und bittet den Fahrer, ihn und den schweren Koffer zum Busbahnhof zu bringen. Gegen Mittag wolle er zurück nach Tizi Ouzo fahren. Von einem Tag auf den anderen ist jeglicher Kontakt vonseiten der Armee abgebrochen worden. Von einem Tag auf den anderen gingen Ausschreibungen verloren und wurden seine Altverträge gekündigt. Der Fahrer nickt, setzt den Blinker und schaut den Frauen hinterher, die die Treppe in Richtung des Tifariti-Parks hinaufsteigen.

Fayçal steht in der Redaktion neben dem Faxgerät und legt den Entwurf für einen Artikel in den Einzug, während er an seinem Kaffee nippt. Der Nachruf auf Boudjala soll morgen erscheinen. Bei aller Kritik, die es in den letzten Monaten im Ausland gegeben habe, sei sein Tod ein großer Verlust für die Generation jener Männer und Frauen, die dem Land die Unabhängigkeit gebracht hätten, wird morgen zu lesen sein. Gleichwohl komme sein Tod nicht unerwartet. Der General sei schwer erkrankt gewesen und habe sich deswegen schon vor Monaten aus der Öffentlichkeit zurückgezogen. La Raison werde stets ein ehrendes Andenken an ihn bewahren.

Am Rand des Forêt des Bainem sitzt Hamoud Benmansour auf einer Parkbank und schaut auf die Steilküste und die Gruppe der Neubauten, die von Algier kommend hier bis an den Wald heranragen. Eigentlich genießt er es, ein oder zweimal pro Monat alleine in die Hauptstadt zu fahren und Musik und Kopien ägyptischer Spielfilme an der Place Port Said zu kaufen. Vielleicht wird er sogar seiner Familie etwas mitbringen, wenn die Gespräche nicht zu viel Zeit in Anspruch nehmen werden. Sein Kampfgefährte aus den Tagen beim Front Islamique du Salut hat am Telefon aufgeregt geklungen, hatte ihm aber nicht verraten wollen, warum er ihn unbedingt heute noch sprechen musste. Wahrscheinlich nur wieder die üblichen Gerüchte um den Versuch, die Partei unter anderem Namen neu zu gründen. Er dreht sich um, als er die Schritte auf dem Kiespfad vorm Parkplatz hört. Der Schuss trifft ihn mitten ins Gesicht. Der Attentäter nimmt das Portemonnaie und die Autoschlüssel an sich und rollt die Leiche den Abhang hinunter. Sie schlägt auf dem Wasser auf und taucht in die Wellen ein.

Vor dem Palais des Peuples wartet Wahiba neben der Einfahrt, bis die Kolonne im Innenhof verschwunden ist. Eine Moderatorin von Canal Algérie steht neben ihr, kommentiert live das Geschehen und lässt den Beitrag mit einem Schwenk über die Straße enden. Am Eingang zeigt Wahiba der Wache ihre Einlasskarte und schreitet unter den schattigen Arkaden hindurch. Die gepanzerten Limousinen der Delegation parken unter den Bäumen. Die Fahrer stehen daneben, lachen und scherzen mit dem Musikzug, der bis eben noch Al-Qassaman intoniert hat. Sie eilt die Treppe nach oben und geht durch die Wandelhalle voller Fresken und Gemälde bis zum Festsaal. Als sie am Rand der vierten Reihe Platz nehmen will, erheben sich die anderen Teilnehmer und applaudieren dem Colonel, der die Bühne in der Uniform eines Drei-Sterne-Generals betritt und nach einer kurzen Anrufung Allahs eine Rede hält. Mit sonorer Stimme erwähnt er kurz den verstorbenen General Boudjala, kommt dann aber auf den Tiefseehafen zu sprechen, der Algeriens Zukunft verändern wird. In Kürze schon sei mit dem ersten Spatenstich zu rechnen. Prochainement.

Nach Vorstellung der neuen Projektpartner aus Frankreich verschwindet er mit den übrigen Mitgliedern des Generalstabs in einem angrenzenden Besprechungsraum. Wahiba steht auf und setzt sich in der Wandelhalle auf die Fensterbank. Die Journalisten versammeln sich im Foyer, tauschen Neuigkeiten aus und gehen nach draussen, um sich eine Zigarette anzustecken. Der Himmel ist stahlblau. Grüne Papageien hocken in den Ranken, die sich an den Säulen des Gebäudes nach oben winden.

Ein junger Mann mit Schal und Mikrofon drängt sich zu ihr durch und fragt, wie sie zum Tod von Boudjala stehe. Sie habe doch in Libération so kritisch über den General geschrieben. Gleich mehrfach. Auch in einer deutschen Talk-Show sei sie zugeschaltet worden, als es um den Rückzug des deutschen Konsortiums ging. Algeria-watch.org, el-watan.com und ein bei Facebook eingerichteter Blog namens Bezzef hätten über sie berichtet.

Wahiba beantwortet alle Fragen. Nicht zum ersten Mal an diesem Tag, dass jemand sich für sie interessiert. Sie sagt, dass der neue General die Pressefreiheit respektiere und Offenheit zu schätzen wisse. Das habe sie durchaus überrascht, sei aber gut für Algerien. Zu Boudjala wolle sie sich nicht länger äussern. Über Tote rede sie nicht schlecht. Allah selbst müsse seine Werke beurteilen.

Der Journalist bedankt sich, fragt nach, ob sie nun regelmässig für die Libération schreibe. Er habe unterschiedliche Gerüchte gehört. Es sei auch die Rede von einer Moderation im algerischen Fernsehen gewesen. Wahiba winkt ab. Nachdem er sie in Ruhe lässt, blickt sie wieder aus dem Fenster. Sie sucht Samias Wohnung, die sich in einem der Hochhäuser zwischen den Wohnblöcken auf der anderen Strassenseite befinden muss. Noch immer hat sie nichts von ihr gehört. Jeder Versuch, den Colonel in den letzten Monaten an sein Versprechen zu erinnern, sie freizulassen, ist im Sande verlaufen. Sie weiß nur, dass Samia noch lebt. Alle zwei bis drei Wochen kommt ein Brief von ihr. Das meiste darin ist geschwärzt. Selber darf sie ihr nicht schreiben.

Als am hinteren Ende der Wandelhalle Unruhe und Bewegung aufkommt, faltet sie die mitgebrachte Ausgabe von La Raison zusammen und lässt sie auf der Fensterbank liegen, nachdem sie zwischen den Sportmeldungen versteckt darin einen Artikel entdeckt hat, der von einem jungen Mann im tunesischen Sidi Bouzid berichtet, der sich angezündet hat und bei lebendigem Leib verbrannt ist. Er wollte nichts als frei sein. Sie verlässt den Palais des Peuples und geht an der großen Palme mitten auf dem Chemin Sfindja vorbei. In der Bäckerei Pappy kauft sie ein Stück Zitronentorte, wie sie es manchmal mit ihrer Mutter zusammen gemacht hat. Auch mit Samia. Bunte Plakate werben für eine Filmreihe im Saal Ibn Khaldoun.

Die Sonne steht noch fast senkrecht am Himmel. Das Weiß der Fassaden, an denen Jasminranken und rote Hibiskusblüten hinunterwachsen, blendet sie fast. Als sie sich von den Häusern weg zum Meer dreht, sieht sie, wie Schaumkronen auf dem tiefblauen Wasser tanzen.

DANKSAGUNG

Samar S., Adlène M., Nassima H. und Adnane B.
für Freundschaft, Mut und Inspiration.
Dem Polar-Verlag und Katharina M. für geduldige
Diskussionen.